나의 삶 나의 영화

조선 영화의 길

일제강점기 새로읽기 ①
조선 영화의 길 — 나의 삶 나의 영화

2018년 4월 10일 초판 1쇄 찍음
2018년 4월 20일 초판 1쇄 펴냄

지은이   나운규
펴낸이   이상
펴낸곳   가갸날
주 소   10386 경기도 고양시 일산서구 강선로 49 BYC 402호
전 화   070 8806 4062
팩 스   0303-3443-4062
이메일   gagyapub@naver.com
블로그   blog.naver.com/gagyapub
페이지   www.facebook.com/gagyapub
디자인   노성일 designer.noh@gmail.com

ISBN   979-11-87949-16-9 (03680)

이 도서의 국립중앙도서관 출판예정도서목록(CIP)은 서지정보유통지원시스템 홈페이지
(http://seoji.nl.go.kr)와 국가자료공동목록시스템(http://www.nl.go.kr/kolisnet)에서
이용하실 수 있습니다. (CIP제어번호 : CIP2018009530)

나의 삶 나의 영화

조선 영화의 길

1
일제강점기
새로읽기

———

나운규

가갸날

책을 펴내며

나운규는 돌연변이다. 영화가 무엇인 줄도 모르던 스물세 살 두만강변 변방 시골 청년이 영화계에 몸을 들인 지 1년 만에 주연으로 얼굴을 내미는가 싶더니, 다시 한 해 뒤에는 극본, 연출, 주연을 도맡은 영화 〈아리랑〉으로 한국 영화의 새 지평을 열었다.

더러는 우연이라 할지 모른다. 또 더러는 민족정서를 건드린 영화의 주제 덕이라고 할지도 모르겠다. 〈아리랑〉 이후는 나운규의 시대였고, 더불어 우리 무성영화의 황금기였다. 따라서 〈아리랑〉 이후의 나운규와 영화계가 〈아리랑〉에 빚지고 있는 것은 맞다. 하지만 〈아리랑〉에 몇 달 앞서 개봉된 이규설 감독의 영화 〈농중조〉를 세련되게 각색한 사람이 나운규였다니, 나운규가 뛰어난 재능과 감각의 소유자였던 것만은 분명해 보인다.

〈아리랑〉이 갓 상영을 시작했을 때 《동아일보》에는 '한평생 영화계에 몸을 던지겠다'는 나운규의 결심이 실렸다. 그의 말마따나 그는 질풍노도의 삶을 영화에 바쳤다. '혈맥을 찌르는 주사의 힘으로' 자신의 몸을 불사르며 마지막 영화 〈오몽녀〉를 찍고, 그는 서른여섯의 젊은 나이에 세상을 떴다.

나운규는 빼앗긴 나라의 지식인이었다. 만드는 영화마다 가위질당하는 게 일과였다. 영화계를 지배하는 자본은 일본 자본이었다. 장비는 형편없었다. 1930년대 초부터 토키 영화를 만들고 싶었으나, 기술 부족으로 현실의 벽을 절감해야 했다.

한쪽에서는 이런 현실을 무시한 평론가들의 비판이 거세게 몰아쳤다. 1930년대 초의 논쟁은 뜨거웠고, 나운규는 그 논쟁의 중심에 있었다. 나운규도 붓을 들어야 했다. 이 책의 3부에 실린 두 편의 글은 그런 상황 속에서 나온 글이다.

2부는 〈아리랑〉을 주제로 묶었다. 우리 영화사에서 보석 같은 작품이지만, 지금 우리는 〈아리랑〉의 전모를 알 수 없다. 불가피하게 나운규 원작 시나리오를 토대로 쓰인 문일의 영화 소설을 수록하였다. 1부는 수필류의 가벼운 글이다. 영화인 나운규의 생각을 가감없이 만날 수 있다. 4부는 잡지 매체와의 대담이 중심이다.

　　이 책은 나운규가 직접 쓴 글 모두를 한 권으로 묶어낸다는 취지 아래 기획되었다. 유감스럽게도 나운규가 저자 이름으로 되어 있는 책을 우리는 서점에서 단 한 권도 만날 수 없다. 전기와 평전이 몇 권(주로 어린이 대상), 자료집이 두어 권 있을 뿐이다. 나운규의 저서를 찾을 수 없는 이유는 아마도 그가 쓴 글의 양이 많지 않기 때문일 것이다.

　　독자들은 이 책을 통해 영화감독, 배우뿐 아니라 이론가 나운규를 새롭게 발견하게 될 것이다. 또한 문장을 다루는 솜씨가 영화 못지않게 맛깔스러움에 놀랄 것이다. 아무쪼록 이 책을 통해 나운규와 초창기 우리 영화사에 대한 이해가 한결 깊어지기를 기대한다.

2018년 4월

〖차례〗

1. 이 책은 현재까지 나운규가 쓴 것으로 밝혀진 모든 글을 묶은 것이다.
    영화계에 입문한 1924년(23세)부터 세상을 뜬 1937(36세)년 사이에 걸쳐
    있다. 나운규의 생생한 육성이 배어 있는 2편의 대담도 함께 실었다.

2. 맞춤법과 띄어쓰기, 외래어 표기는 현재의 한글 맞춤법 표준안을 따랐다.
    원본의 한자 및 한자식 표현은 한글 혹은 한글식 표현으로 문체를 바꾸는
    것을 원칙으로 하되, 나운규 특유의 표현이나 문맥상 필요한 곳은 원문을
    살렸다.

3. 독자의 이해를 돕기 위해 필요한 곳에는 편집자 주를 달고, 인명에 원어
    표기를 병기하였다.

1

내가 만들고 싶은 영화

감
독
으
로
서

만
들
고
싶
은

영
화

나는 아직 한 번도 내 작품에 감독이라고 발표해 본 일이 없다. 그 원인은 자신 없는 일이기 때문이요, 남이 작품을 믿어 주지 않을까 해서. 그러나 이런 요술妖術로 오래 세상을 속이지는 못하는 법이니, 자연 아는 사람은 알게 될 것이다.

조선서 영화를 제작하는 사람들 중에도 제일 엉터리가 이 감독이다. 영화 제작 각 부문 중에 제일 중대한 책임자인데, 만사가 다 갖추어져 있지 못하니까, 불비不備한 중에서 끔찍끔찍한 전쟁을 하려니 엉터리 아니고는 될 수 없었다.

그러니 오늘까지 조선 영화감독은 엉터리 짓을 제일 잘하는 사람이 제일 잘하는 감독이었다. 우스운 말이지만 이것이 사실이다. 극히 적은 자금으로 제작하는 작품에 없을 수 없는 일이요, 만일 수입이라는 것을 무시하고 제작하는 작품이 있었다면 그것은 초창기 시험시대에나 할 일이요, 사업은 아니다. 그러니 이 적은 자금을 토대로 하는 사업에서는 당분간 이 엉터리 감독이 행사할 수밖에 없었던 것이다.

외국에서는 세트 내에서 하는 작품 촬영도 20컷에서 30컷 내외가 보통 1일분이라고 한다. 그러나 조선서는 300여 컷까지 한 예가 있다. 그렇다고 언제까지나 이런 엉터리 일을 묵과해 달라는 말은 아니다. 지금까지는 사정이 그랬으니 나는 감독이노라 하고 이름 내세울 용기가 없었다는 것이다.

그러니 이제부터는 어떻게 하겠느냐는 답안을 해야 될 터인데, 이 문제는 감독 혼자 대답할 문제가 아니요, 영화 제작자 전체가 일시에 대답할 문제이나, 나 개인에게 물으면 나는 지금부터는 '한다' '할 수 있다'라고 얼른 대답할 수 있다. 그것은 앞으로 이 사업을 사업답게 영속해 나갈 자신을 얻기 때문이다.

2,3천 원 소자본주를 구하러 다니는 비참한 과거를 되풀

이하지 아니하고 우리들의 힘으로 해갈 수 있기 때문이다. 지금 실행하는 중이다. 구속도 감시도 주문도 없이 우리들 일을 우리가 해나간다. 하고 싶은 일을 할 수 있다. 출연 아니하고, 감독 안한대야 말릴 사람이 없다. 그러니 좀 더 엉터리 아닌 감독 노릇을 할 수 있다. 더글러스Douglas Fairbanks 흉내를 내주어야 돈을 벌 터이니 꼭 그렇게만 만들어주오 하는 전주錢主가 따라 다니지 않으니, 어떤 일이라도 할 수 있다.

스턴버그Josef von Sternberg의 작품이 새 돈을 끄는 줄은 모르고 더글러스의 작품이 돈 벌던 옛이야기만 한다. 조선은 10년 전 조선이 아니요, 우리는 10년 전 옛사람이 아니다. 단 네 사람이 움직인 〈라루〉가 7,8년 후 오늘까지 우리의 가슴을 쓰리게 만드니, 조선 영화계에 명우名優 네 사람이 없으랴.

돈으로 꾸며놓는 화려한 작품은 만들기 어려워도, 단 두 사람이 출연하고 오막살이 세트 하나라도, 실력만 있으면 사람의 가슴을 찔러줄 작품은 만들 수 있다. 이런 작품의 감독이 되고 싶다. 출연 말고 감독만 10년을 두고 생각해도 가슴에 꽉 차는 이런 각본을 누가 써줬으면. 각본은 말고라도 이야기만이라도 해주었으면. 한 작품으로 끝이 된대도 이런 작품이 하고 싶다.

신변산화
身邊散話

유행창가나 부르는 친구들은 여자가 지나가면 예쁘다, 미우면 호박 같다, 조선옷 입은 사람은 샌님이라는 둥, 넥타이를 맸으면 양복쟁이라고 하고, 가까이 지나갈 때에는 기침으로, 멀리 떨어져서는 휘파람, 이렇게 한가한 사람이 퍽 많다.

이런 한가한 사람들에게 걸려들면 영화에 출연한 사람들은 벌거벗은 미친 여자의 대우를 받는다. 마치 무슨 괴물이 지나가는 듯이 함부로 놀아난다. 어떤 사람은 동물원 원숭이보다 더 잘 재롱을 부린다. 지나가는 배우는 그것을 연기의 재료로 보고 돌아오니 소득이 있으려니와, 그네들이 얻는 것은 무엇인지 모르겠다.

배우도 사람인 이상 눈이 있고, 코가 있고, 두 발로 걷는 것은 똑같다. 그런데 이 똑같은 사람을 구경거리로 아는 것은 우습다. 화장을 하고 카메라 앞이나 무대로 나갈 때는 배우다. 그러나 평시에는 그들과 똑같은 사람으로 보아주었으면 좋겠다. 그것도 하나님이나 부처님처럼 보아준다면 모르나, 미친 사람이나 뿔 난 사람 같은 기인, 괴물 대접을 받기는 죽기보다도 싫다. 더구나 매일 전차를 타고 다녀야 되는 팔자에 그보다 소사小使 일까지 맡아보는 다사多事한 처지에 이런 한가한 사람들은 어느 골목에든지 있다.

너무 여러 번 당하면 연구재료도 되지 못하고 귀찮아서 배우를 감추느라고 마스크를 썼더니, 어떤 한가하고 일 없는 사람이 '비로드 마스크'라는 이름을 기부한다고. 아, 불행한 자여, 네 이름이 배우로다.

연극을 잘하면 '그놈 잘한다,' 못하면 '이놈 집어치워라.' 50전이나 70전이나 더 싸게는 10전, 20전을 내고 입장했으니,

너는 내가 돈 주고 산 놈이니 놈이 마땅하다는 것인지, 예전부터 광대는 천하게 쳐왔으니 너희들도 신광대니 놈이 마땅하다는 것인지, 어쨌든 배우로 극장에서 놈 소리 아니 듣는 사람은 없다.

작품을 발표할 때면 객석에서 어느 틈에든지 끼어서 관중의 평을 듣노라고 애를 쓰는데, 어쨌든 '놈'이다. 장사하는 사람에게도 사람, 농사하는 사람에게도 사람인데, 왜 배우들에게만 놈인지 원인을 알 수 없다.

50전어치 못되는 구경을 시켜서 놈이란다고 하면, 상점에 물건 사러 가서 비싸다고 '이놈 집어치워라' 하는 법은 없다. 나이 어리니 놈이란다면 반육십된 사람을 제일 앞에 앉은 10전 내고 들어온 어린아이들이 놈이라니 천하에 버릇없는 놈이지. '그 배우께서 잘못하였습니다'는 그만두려니와 '그 사람 잘못하는군'쯤은 체면에 관계될 일 같지는 않다고 생각하는데, 어쨌든 이 다음 상연할 때에는 들어보아서 놈, 놈 하는 분이 있으면, 쫓아가 조용히 물어보아야겠다는 결심을 단단히 해두어야겠다.

운규의 이상理想의 길은 지금부터

K군아,

너는 의외로 알았으리라. 내가 이곳에 와서 이러한 편지를 쓰게 될 것을.

세상에서 알아주는 벗이라고는 몇 아닌 중에 하나인 너에게까지도 알리지 아니하고 별안간 이곳으로 뛰어온 것은 일대 모험이었고, 또 대용단이었다고 지금도 그렇게 생각한다.

K군아, 여기는 별 곳이 아니라 활동사진을 박는 곳이란다. 제1회 작품으로 〈바다의 비곡秘曲〉을 제작한 조선키네마주식회사란 간판을 단 곳이다. 오기는 안씨(안종화-편집자 주)의 소개로 왔으나, 입사는 표정 시험에 합격하여야 되므로 나도 시험을 보았단다.

어디인들 경쟁 없는 사회가 있으랴. 배우가 되려는 희망자는 상당히 많지만 용이히 입사가 되는 게 아니란다. 내가 응시하던 날도 일본 어느 대학생이 한 사람, 조선은행원이 한 사람, 나까지 세 사람이었었는데, 3대 1이라는 경쟁률로 나 하나만이 패스가 되었단다.

여러 시험관들은 그 전에 경험이 있었느냐고 적이 만족한 빛을 보이는 모양이다. 내 알 바 아니지만, 이 기관의 경영주는 영리를 위주로 하는 일본인들이라 한다. 아무튼 내가 찾던 길, 내 소지素志를 시험해 볼 곳이라야 지금의 조선에서는 이곳뿐이기에 찾아온 것이며, 또 내가 항상 동경하는 예술이 하루라도 일찍이 우리 민중에게 표현되어 그들로 하여금 감상케 하고, 그네들을 웃기고, 그네들과 한가지로 울 수가 있다면, 그뿐이 아니겠느냐.

K군아, 어쨌든 나는 오랫동안 헤매던 미로에서 해탈解脫

하였다. 그리고 환경이란 서리에 시들었던 내 이상의 싹이 한 잎 두 잎 펴게 될 봄 자연이 점점 가까워 오는 것 같다. 생각하면 얼마나 지리한 겨울이었더냐. 이 길이 이제야 내 앞에 전개된 것이 얼마나 늦었던 것을 너도 잘 알 것이다.

K군아, 운규의 이상理想의 길은 지금부터 열리는 것이다. 아직 처음인 만큼 서슴서슴하고 아직도 내 지위가 내 지위니 시키는 대로 하는 수밖에 없다. 다행히 윤백남, 이경손 두 선생이 계시므로, 마음으로 신뢰하는 그 두 선생이 나에게는 큰 힘이 되는 것이다. 제2회 작품은 윤백남 씨 각색으로 〈운영전〉이란 시대극인데, 배역은 아직 모르나 나도 출연하게 될 것은 사실이고, 로케이션은 경성이라니 불원간에 만나게 될 줄로 안다.

❖
어릴 때부터의 친구인 김용국이 《문예·영화》 창간호(1928.3)에 발표한
〈그날의 나운규 군〉 속에 들어 있는 글. 1924년에 김용국에게 보낸 편지로
나운규가 영화에 입문하는 과정을 알려준다.

영화 시감
時感

금년 1년은 병과 싸웠다. 싸우는 동안에 가끔 치료에 대한 자신을 잃어버리는 때가 있다. 이런 때마다 영화를 제작할 욕심이 백 배나 더해진다. '이대로 죽어버리면 무었을 남겨놓는가.'

10년 싸워서 남긴 것이라고는 한데 모아놓고 불 질러 버리고 싶은 작품 몇 개가 굴러다닐 뿐이다. 문인들이 전집을 발행

시키는 데 비하면 얼마나 슬픈 일이냐. 그러나 붓과 종이만으로 되는 문인들의 작품과 돈과 기계로 그리는 우리들의 일은 형편이 다르다. 이것이 우리들이 가진 최대 고통이다.

공통으로 맛보는, 쓰라린 사정이 다 용솟음치는 제작욕을, 예술가로서 이 표현욕을 만족시킬 수 없어서, 가슴을 치며 거리로 방황하는 동무들을 나는 수없이 안다. 그들을 위하여서라도 조선 영화를 어느 수준까지 끌어가서 완전한 시장을 얻고 싶었다.

상품으로서 이 조선 내 시장만으로는 조선 영화의 장래도 현재도 없다. 이런 의미로 원작을 좋은 것을 구하려고 퍽 애를 많이 써 보았다. 외지에 보내는 조선 영화를 만드는데, 아무렇게 해도 조선 사람의 손으로 된 이야기가 필요했기 때문에, 여러 방면으로 구해 보았다. 주로 단편 몇 개를 읽었으나, 내 머리가 뒤졌음인지는 모르나 최근 것보다는 오래된 작품 중에 더 좋은 것이 있는 것 같다. 그러나 그 좋다고 생각하는 작품들은 영화화할 수 없는 사정이 너무도 많다. 지금 우리가 손대지 못할 딴 생명이 있는 것 같다.

10여 년 전 아직 철없는 학도였을 때에 어느 무명작가 지방 청년의 단편 하나를 읽은 일이 있다. 10년 후 지금 와서 그 작품이 머리에 남는 기억이라고는 〈오몽녀〉라는 제명과 확실치 못한 이야기의 줄거리뿐이었다. 작가의 이름은 물론이거니와 어디 발표되었던 것조차 모르겠다.

이 작품을 영화화해 보려고 원작을 찾았으나 찾을 길이 없었다가, 누가 이태원 씨 작품에 그것이 있던 것 같다고 하기에 이씨를 찾아갔더니 그의 처녀작이라고 한다. 그 무명작가가 이렇게 되었는가 하고 생각할 때에 반갑기도 하였으나, 그가 병중임을 슬퍼 아니할 수가 없었다.

병으로 약해진 내 몸을 두 번 쉬어 넘어간 성북동이崧 속에서, 병으로 누워 있는 그이 얼굴을 마주보고 앉았다. 10년 전 〈오몽녀〉를 쓰며 생활하던 그가, 그때에 〈오몽녀〉를 읽던 기운차던 내가.

병인病人의 심중은 병인이라야 안다. 이것이 마지막 작품이 아닐까 하는 무서운 결심이, 혈맥을 매일 찌르는 주사의 힘으로 억지로 땅을 밟는 내가, 여윈 몸에 말소리까지 힘없는 그를 마주보고 앉았다.

나는 내가 병인이란 말을 차마 못했다. 그가 내어주는 스크랩 책 속에서 〈오몽녀〉를 다시 보았고, 그 속에 〈오몽녀〉와 같이 붙은 신문 조각지들이 10여 년 전 그이 육체를 그려놓는 것 같다. 이 땅의 10년 풍설이 그를 그렇게 만들었고, 나를 이렇게 만들었다. 미리 생각했던 검열 문제로 고친 몇 군데를 말했고, 쓸쓸한 초당草堂에 그를 남겨놓고 돌아왔다. 부디 건강이 회복되소서.

50만 원 자금으로 영화회사가 된다고 떠든다. 이때까지 이런 풍설에 많이 속았기 때문에 또 떠들다가 없어질 테지, 이것이 지방에서 제일 처음 신문기사로 읽었을 때의 생각이다.

그 후 서울 와서 각 방면으로 들리는 이야기를 종합하면, 풍설만이 아니고 현금 불입까지 되었다고 한다. 얼마나 반가운 일이냐. 우리가 10년 동안 애타게 바라던 일이 성사되는 것이다. 영화는 대자금으로 될 수 있는 일이기 때문이다.

그러나 이 반가운 이야기와 같이 들리는 풍문이 의외에 헛말이었다. 소위 그들의 말로 재래 영화인(기성 영화인)은 한 사람도 아니 쓴다는 것이다. 다른 사업도 물론 그렇지만 더구나 영화 사업은 기술자가 없으면 되지 못하는 사업이니 그럴 리가 없다고 생각했더니, 그 회사 창립 사무소에서 발송한 선전문이 확실히 이것을 말해 버렸다. 그 발표로 보면 기성 영화인을 아니 쓴다는 것이 아니라, 기성 영화인이라도 조선서 영화 일하던 사람은 아니 쓰고, 동경 가서 영화회사에 있던 사람이면 쓴다는 것이다.

물론 그들이 이런 말을 함부로 하고 다니게 된 책임이 우리들에게도 있다. 10여 년 동안 빈곤한 영화 사업이 아무 발전도 없는 책임이 우리들의 무력함에 있다고 하면 그 책임은 백번도 더 지겠으나, 그들 중 일부 사람이 말하는 것 같은 부랑자라느니, 비양심적이라느니, 무식하다느니 하는 말에는 동의할 수가 없다. 영화인은 대학 출신 아니면 아니된다는 이유도 영화를 모르는 사람의 말이요, 우리들 동무를 같이 세워서 종로거리로 걷게 하면 우리들 동무보다 더 부랑자라고 남들이 손가락질할 사람이 그 속에 있지 않은가.

물론 그중 일부 사람이지만 이런 풍설을 날리는 그 회사가 그래도 창립되기를 누구나 다 바라고 있었다. 그것은 우리가 일하지는 못하더라도 그 회사의 되고 안되고가 조선 영화의 장래에 큰 파문을 일으키겠기 때문이다. 어느 좌석에서 나는 그때 그 회사 중임을 맡은 분에게 이런 말을 했다.

"세상의 주목이 큰 만큼 책임이 중합니다. 누구를 쓰거나 기술자들에게 좋은 설비를 주십시오."

나는 다른 회사의 일을 보고 있으면서도 이 회사의 창립과 장래 진행을 몹시 걱정했다. 그러는 중에 스턴버그 감독이 들르게 된다고 하므로(당시 세계 영화계를 대표하던 스턴버그 감독은 1936년 9월 동경에서 상해로 가는 길에 조선에 들렀다─편집자 주), 우리들은 같이 모여서 단시간이나마 무슨 이로운 말을 들을까 해서 같이 맞이하려고 전화로 그 회사에 통지했더니, 그들은 수원까지 쫓아가서 스턴버그 씨를 독점해 버렸다. 기성 영화인 부랑자가 되어서 한자리에 앉기도 싫다면 그만이겠지만, 그가 서울에 있는 시간 불과 하루 밤낮밖에 없는 중에 우리들에게 준 시간은 불과 2시간밖에 아니된다.

그러나 나는 이것으로 그들이 그 회사를 기어이 완성하고 말리라는 것을 믿었다. 4,5백 원씩 써가며 많은 영화인에게 미움을 받아가면서까지도 자기 회사 선전을 하려 드는 그들 사업의 장래를 낙관했다.

그러나 이 모든 것이 꿈이요, 이 모든 일이 수포로 돌아갔다. 조선영화주식회사는 없어졌다. 깨어졌다. 망했다. 이 한 사건이 조선 영화의 장래에 무엇을 주나 하고 생각할 때에 그들의 죄가 크다. 억지로 지키려는 적은 자기이니, 지위(실력 없는)와 세상을 분별치 못하는 썩은 명예욕 때문에 자기들보다 나은 사업가와 기술자들을 적대하고 어쩔 줄 모르고 갈팡질팡하다가, 나중에 되지도 않은 허수아비 이권 다툼으로 흩어져 버렸으니, 그들은 장난이라고 웃어버릴는지 모르지만 죄 없이 죄 받는 조선 영화계만 가엾지 않은가.

그대들은 손발을 씻어 버리고 남이 되면 그만이지만, 소위 그대들이 부랑자 사회라던 이 사회를 짓밟아주고 갈 것까지야 없지 않은가. 훌륭한 신사로 자처하는 그대들은 그대들 신세로, 우리들 부랑자 떼는 열 갑절 스무 갑절 더 애써도 장래에 보이는 앞길은 캄캄할 뿐이니, 얼마나 잘한 일인가 생각이나 해보시오. 들으니 서로 당파를 지어가지고 뿔뿔이 헤어져 가서 따로따로 영화 제작을 한다니, 신사의 체면이나 지키려고 한 작품쯤 요릿집에 가 쓴 셈치고 하겠다는 그따위 작품은 조선과 조선 영화계는 바라지 않습니다. 이것은 단언할 수 있습니다.

이번 작품 배경이 함북 서수라는 곳이므로 처음에는 각본에 대화 전부를 함북 지방 말로 썼다가, 여러 사람이 다 읽어 보아도 도무지 무슨 뜻인지 모른다. 동경 사람이 오사카 말을 알아듣는 것과는 아주 딴 모양이다.

"아즈바니, 도사부 잘 드능구마."

이렇게 써놓으면 타지방 사람은 못 알아보는 모양이다.

"아저씨 거짓말 잘하시네"로 알아들을 사람이 없는 모양이다. 그래서 어느 지방 사람들이나 알아듣도록 고치려고 해봤으나, 그것도 절름발이가 되는 것 같아서 할 수 없이 중앙언中央言으로 해버렸는데, 이렇게 해놓고 보니 지방색이라고는 아주 아니 난다.

로케이션을 함북까지 갈 수 없어서 처음 함남 어느 지방까지 갈까 했는데, 함남은 해변으로 원산부터 서호진까지는 요새지이므로 그보다 더 북으로 가야 될 터인데, 그러는 동안에 일기가 너무 추워졌으므로, 강원도 북부지방 건물이 함경도 같더란 생각이 나서 통천 고저로 정하고, 일행이 출발해서 현지에 가보니 건물이 함경도와 평안도의 중간을 딴 것 같은 것이므로, 될 수 있는 대로 건물 배경을 피하고 자연 배경만 박아 가지고 와서 건물은 전부 세트로 하기로 하였는데, 제일 문제 되는 것이 세트 짓는 사람 자신이 평생 보지 못하던 집이므로, 아무리 도면대로 하려고 애쓰나 함북풍이 나지 않는다. 더구나 방안에 놓는 세간을 서울서는 구할 수가 없다. 솥은 중국인 것을 사왔는데 그쪽 것보다는 띠가 낮고, 항아리는 배가 작아서 배를 부르게 만드는 데 세 사람이 사흘이나 애썼고, 기타 모든 것이 아무리 애를 썼으나 잘 맞지 않는다. 이번 일로 보아서 작품에 지방색을 낸다는 것이 여간 어려운 일이 아니며, 아무리 타지방에서 애를 써야 그 지방사람 눈으로 보면 틀리게 보일 것이다.

　다행히 이번 작품은 지방 문제가 그다지 큰 문제는 아니니 이대로 지나갈 수가 있으나, 작품에 따라서는 큰 고난이 있을 줄 안다.

〈아리랑〉〈잘 있거라〉〈옥녀〉 등 여러 가지 조선 영화를 제작하여 인기가 높은 나운규 군은 9일 아침 경기도 경찰부 고등과에 호출되어, 여러 시간 동안 변 부장에게 조사를 받고 돌아왔다. 그가 이번에 고등과에 호출을 받은 이유는 지금 조선극장, 단성사 두 곳에서 서로 끌고 있는 문제의 영화 〈두만강을 건너서〉라는 영화 내용이 불온하다는 소문이 있어 그리 된 모양이다.

이 사진으로 보면, 〈옥녀〉에 그리 호평을 받지 못한 나운규 군은 떨어진 명예를 다시 돌이키려면 경천동지할 대역작을 내지 않으면 아니된다는 뜻이 깊어, 그는 호연히 일행을 끌고 간도까지 가서, 조선 군인 출신의 가장을 둔 일가족이 조선서 흘러들어와 국외로 유랑하다가 마적단을 만나 여러 식구는 무참히 세상을 떠난다. 그때 주인공은 고국을 멀리 바라보며 비장한 나팔을 불며, 나는 죽더라도 조선에 묻어달라는 것이라는데, 그 속에 대중의 인기를 끌고자 조선 사람을 흥분시키려는 기세가 들어 있지 않은가 하여 고등과에서 취조에 착수한 것이라 한다.

그리고 처음에는 〈두만강을 건너서〉라고 제목을 정하였던 것을 최근에 이르러 〈저 강을 건너서〉라고 고쳐서 선전을 하게 된 것을 보아도, 어쨌든 앞으로 검열이 어떻게 될지 관계자 간에서는 매우 주목을 하는 모양이다.

❖
〈두만강을 건너서〉는 검열 문제로 제목이 〈저 강을 건너서〉로 바뀌었다가 개봉할 때는 〈사랑을 찾아서〉로 다시금 바뀌었다.

《매일신보》 1928.4.10

부활한 신일선, 그리고 극계와 영화계의 이일 저일

〈아리랑〉을 박을 때에 신일선 씨가 나의 상대역이 되어주었다. 그런 뒤 계속하여 〈금붕어〉 〈들쥐〉 등 몇 편을 같이 박았다. 그러던 그이가 영화계를 떠난 것은 실로 애석한 일이었다.

그가 물새 날고 파도치는 남쪽 나라에서 사랑의 보금자리를 꾸미었다는 말을 듣고 나는 그가 다시는 영화계에 부활이 되지 아니하리라고 생각하였다. 어째서? 나는 그의 성격을 아는 까닭에.

무엇보다 신일선이는 성질이 퍽이나 침착하고 무게 있었다. 그는 한 길을 꾸준히 걷는 특징을 가졌었다. 시체 여성들이 조금만 이름이 나면 벌써 그 행실에 아름답지 못한 말이 돌기 쉬운데, 그이의 태도와 행실은 굳었고, 허영심과 경박한 생각이라고는 없었다.

나는 그가 살림을 깨뜨리고 나온 것을 의외로 안다. 비록 8년 동안이나 살았다면 짧은 세월은 아니었으나.

그를 요 전날 만났다. 그는 다시 영화계로 나서겠다고 결심을 나에게 말해 주었다. 나는 그가 다시 극단에 발을 들여놓으면 쉽게 몸을 움직이지 않을 줄 알고 기뻐하였다.

그렇지만 나는 그에게 공부하라고 권하였다. 그에게는 아름다운 얼굴이 있다. 만인의 시선을 끄는 자태가 있다. 스크린 속에 피는 나리꽃 같은 시원한 얼굴 모습이 있다. 그렇지만 그에게는 교양이 부족하다. 보통 학식도 동덕여학교를 3학년까지인가 다녔다니까 충분하다고 볼 수 없는데, 더구나 극예술에 대한 지식은 말할 것도 없다.

그는 옛날에는 환영을 받았다. 그렇지만 옛날의 환영이란 얼굴에 대한 환영이 대부분이었다. 인격이나 배우로서의 기량에 대한 환영이 아니었다. 시대는 나아갔다. 이제는 얼굴만 가지고 명배우 노릇할 때는 이미 지나갔다.

딴말이나 스크린 앞에 나설 때 제일 거북스러운 것은 상대역과 호흡이 맞지 아니하는 일이었다. 나는 이렇게 괴로운 경험을 여러 번 가지고 있다. 그런데 신일선 씨와 〈아리랑〉 등을 박을 때는 가장 호흡이 맞았다. 그의 얼굴은 미즈타니 야에코(일본 신파극의 대배우-편집자 주)와 비슷하다. 그에게 교양을 더 줄 기회가 있다면 신일선 씨의 개성은 정말 머지않아서 올날이 있으리라.

아무튼 그를 맞이하는 조선의 영화계나 극계는 기쁜 마음을 금할 길이 없다.

나는 왜 무대에 서는고?

〈암굴왕〉 〈포리나〉 등 나는 최근에 무대극으로 나와 보았다. 그동안 공연 횟수가 수십 차에 미쳤고, 각본을 뒤진 것도 몇십 편이나 되었다. 내가 무대극에 열심이자, 세상에서는 혹 이렇게도 말하는 이가 있다.

"나운규는 제 영화가 이제 환영을 못 받으니까 극단을 돌아다니며 밥벌이한다"라고.

영화는 지금 한두 사람이 좋아하거나 말거나 조선서도 토키로 제작하여야 할 때에 이르렀다고 나는 본다. 이제는 토키가 아니고는, 사일런트 영화를 가지고는 더 개척하기 어렵게 되었다. 조만간 조선에서도 토키 영화가 나오게 될 것이다. 그러나 토키 제작이 가능하게 될 때까지 수수방관할 일은 못된다. 어떻게든지 영화 제작은 계속할 결심이다. 영화도 중요하지만 연극도 중요하다. 연극은 영화에 비하여 그 효과가 더 크다.

나는 최근에 경상도와 전라도 지방을 돌아다니고 왔다. 극단을 끌고 돌아다니노라면 그 지방의 뜻있는 인사들이 많이 찾아와 격려하여 줄 때에 나는 늘 감격하였다. 또 내가 보기에는 조선의 관객 계급이 훨씬 진보하고 있었다.

몇 해 전만 하여도 연극이나 영화계에 뜻을 둔 사람의 표어는 '그저 군중을 웃겨라, 웃기기만 하면 성공이다'라고 하였다. 그러기에 그의 취미를 맞추느라고 정도 이하로 취미 본위의 영화를 만들고 정도 이하로 관객을 취급하여 왔다.

그렇지만 나는 이번 순회에서 이제는 이 생각을 버릴 것임을 느꼈다. 오늘의 관중은 연출자 이상으로 진보된 두뇌를 가지고 있다. 스턴버그의 작품이 3,4년 전만 하여도 환영을 못 받았다. 그러나 지금은 스턴버그의 작품이면 아래층 삼등 관객층에게도 열렬한 환영을 받는다.

이제는 예술적으로 가치 없는 작품은 군중에게 수요되지 않는다. 이제는 웃기는 영화, 웃기는 연극은 모두 버릴 때이다. 이제부터 조선의 극단과 영화계는 활기를 띨 것이다.

어떤 영화를 제작할꼬?

나의 체험을 말하여 보자. 김옥균 등 개화당사를 각색하여 〈개화당이문〉이란 영화를 만든 것이 재작년 일이다.

〈개화당이문〉의 하반부는 죽고 말았다. 어째서? 김옥균 등이 정부를 전복하려고 한 그 음모는 좋으나, 나는 그것을 각색할 적에 개화당이 승리하는 것으로 끝마쳤다. 비록 삼일천하지만 박영효, 김옥균, 이규완 등은 사실 수구당 정부를 들어 엎고 일시 정권을 쥐었으니까. 그러나 검열 당국에선 커트하여 버렸다. 정부 전복의 음모가 성공되어서는 안된다고. 역사상에 있는 사실의 각색도 이러하다.

현대사회의 사물과 현상에서 재료를 취하여 영화를 만들어 보자니까, 꼭 한 가지밖에 할 것이 없다. 그것은 '연애 타령'. 그러기에 소재를 근대사 중에서 취할 수밖에 없겠다.

일본 영화계의 사실도 그러하다. 어쩌다가 현사회에서 소재를 얻은 것으로 후지모리 세이키치의 〈무엇이 그녀를 그렇게 만들었나〉 등 현대극 몇 편이 후세에 남도록 유명한 것이 있었지만, 대부분은 달콤한 연애 타령뿐이었다.

그런 까닭인지 일본은 시대극의 세력이 굉장한 것을 본다. 가타오카 치에조, 오코우치 같은 명배우들이 명치유신 전후의 근왕당勤王黨의 활약이라든지에서 취재하여 명편을 낳는 심리를 나도 알 수 있겠다.

어쨌든 금후 조선의 작품은 혼이 있고, 정신이 있고, 피와 살이 있는 것이 안되면 안되겠다. 난센스의 시대는 지나간 것을 통절히 느낀다. 연극을 하여 보니까 조선 문단에 좋은 각본이 없는 것이 새삼스럽게 개탄된다. 천품天品 있는 극작가의 출현을 재삼 바라서 마지않는다.

❖
원제는 〈부활한 신일선新觀 – 극계와 영화계의 이 일 저 일까지〉.

「개화당」의 영화화

어렸을 때에 외척 중에 시베리아 다녀온 사람이 운동모鳥
打帽를 쓰고 돌아왔다. 인사차 집에 왔을 때 할머니가 '일진회
군이 되었구나' 하시었다. 그리고 일진회군을 개화군開化軍이라
고도 말하셨다. 그때에 어린 나는 일진회가 무엇인지 모르기
때문에 머리 깎고 운동모 쓰고 문명개화를 이 나라에 제일 먼
저 펴놓은 사람은 일진회군이요, 일진회라는 모임은 조선을 개

척하려던 개화당인 줄 믿었다.

그러나 한 가지 의심된 것은 할머니가 일진회 이야기를 하실 때에 반드시 미웁게 말했고 욕하셨다. 그때 어린 내 머리에는 일진회군이라면 그 시절에 있던 보조원(헌병보조원 – 편집자 주)을 생각하게 되고, 봄가을 청결 검사 같은 때에 마을로 내려오면 노인들에게까지 일진회군도 그런 것이었거니 했다.

차차 자라나면서 내게는 큰 의문이 생겼다. 문명개화의 필요를 먼저 느끼고 잠자는 이 땅을 개척하려던 선각자들을 할머니는 왜 미워했을까? 그러나 이런 의문이 생긴 때에는 할머니는 벌써 돌아가셨다. 누구에게 물어볼 사람도 없다. 공립보통학교 학생이니 금줄 치고 칼 찬 판임관 훈도 선생님에게 물어볼 수도 없고 해서, 그럭저럭 의문은 의문대로 가지고 지나왔다.

조선을 개화시키려던 사람은 따로 있구나. 개화당이란 일진회가 아니구나! 이것을 알게 된 그때부터 나는 정말 개화당인 혁신파의 사업과 사실을 알려고 퍽 애를 썼다. 김옥균의 이야기는 가끔 들었다. 이야기로 듣고, 잡지에서 읽고, 일본 사람들이 만든 책에서도 보고 했다. 그러나 겨우 이뿐이었다.

그것만으로는 알기가 어렵다. 믿기가 어렵다. 알기 어렵다고 그만 두지는 않았다. 할머니 이야기만 듣고 의심을 풀지 못하던 어린아이는 장성했다. 책에서 믿지 못할 것은 사람들에게 묻기로 하였다. 그러나 열 사람을 만나면 말이 다 다르다.

사람의 말을 믿지 못하면 다시 증거를 찾고 이렇게 하는 동안에 지금은 아는 것 같다. 아니 그보다도 안다고 믿는다. 갑이란 인물은 무엇을 하였고, 을이란 사람은 얼마나한 인물인지는 짐작할 수 있는 것 같다.

사건에 다소간 자신을 얻었기 때문에 영화 극화를 하려는 결심을 하고 시작을 해보니 너무도 큰일이다. 우선 우리들의 금고 속에는 이 사건을 영화화할 돈이 없다. 그렇다고 아니하면 누가 해줄 사람도 없을 것 같아서, 조선 영화계에서만 볼 수 있는 자살법自殺法을 응용해 가면서, 돈 많이 드는 중요하지 않은 부분을 생략해 가면서, 표면에 나타난 세상이 다 아는 사건보다도 숨어 있는 이면사실을 중요하게 끌어내 보려고 한다.

그러나 위에 말한 것과 같이 책에서 읽든지, 생존한 인물들을 찾아 든든지, 모두 이야기가 다르기 때문에, 이 사건을 극화하려면 여러 가지 문제가 많다. 어느 설을 정말로 믿어야 옳을지, 누가 잘한 사람이요, 누가 못한 사람인지, 갑의 말을 따르면 을은 불만해 할 터이요, 을을 내세우면 갑은 불평을 말할 것이다.

더구나 사건 중심인물들 중 생존자가 있기 때문에 이 문제는 한층 더 크다. 기록으로 보더라도 우정국 개청식 일자가 11월 17일로 된 곳이 있고, 12월 4일, 10월 17일, 10월 4일, 10월 20일 이렇게 여러 가지가 있다. 음력과 양력이 다른 데서 이런 틀린 숫자가 생겼으리라고 믿는다. 그리고 개화당이 실패한 원인에 대하여서도 여러 가지 설이 많다.

1. 책임 전부를 일본 공사 다케조에에게 돌리는 것.
2. 당사자들의 실수에 돌리는 것.

크게 이 두 가지가 있다. 일본 공사가 군대를 물리게 된 원인에도 인격을 논하는 것과 사정을 논하는 두 가지가 있다. 1중대 일본병과 사관생들의 힘을 가지고도 넉넉히 청나라 군대를 대항할 수가 있었는데, 다케조에 신이치로가 겁쟁이가 되어서 군대를 물렸다는 것과 또 한 가지는 일본 기선 치토세마루로부터 안남安南 국경 문제로 긴장되었던 청불개전설淸佛開戰說이 흐지부지되었다는 통지를 받게 된 것이 다케조에가 군대를 물린 원인이었다고 한다.

당사자간의 실수로는 문을 지키던 서재필이 밥그릇 속에 편지가 든 것을 알지 못하고 그대로 통과시켰다는 것(알고도 별로 중요한 말 같지 않아서 그대로 통과시켰다고 한다)이라. 계동궁(홍선대원군의 조카 이재원의 저택으로 갑신정변 당시 개화파의 보호 아래 고종이 잠시 머물렀음-편집자 주) 좁은 데서 그대로 있었으면, 적은 병력을 가지고라도 능히 지킬 수 있는 것을 김옥균이가 환궁하시게 만들었다는 것. 창고에서 꺼낸 총을 닦느라고 전부 뜯어 놓았을 때에 별안간 청나라 군대가 달려들었기 때문에 싸우지 못했다는 것. 이런 여러 가지 설이 많다.

어느 것이 원인이 아니됨은 아니다. 그러나 이 사건에서 우리가 이런 것들을 문제로 삼으려고는 하지 않는다. 일본 공사를 믿었다든지 못 믿었다든지, 청불전쟁이 된다든지 안된다든지, 밀서를 통과시켰다든지, 좁은 곳에 쳐야 할 진을 넓은 곳에 쳤다든지, 무기를 해부했다든지는 문제가 아니다. 다만 한 가지 누구나 부인할 수 없는 사실은 약하기 때문에 졌다는 것이다. 힘이 모자라니 패하였다는 것이다.

그때 당사자들 중 어떤 사람의 이야기를 들으면, 자기들이 이기리라고는 생각하지 않았다고 한다. 도무지 승산은 없었다 한다. 이기지 못할 줄 알면서 왜 해야 되느냐. 패하면 죽을 줄 알면서 왜 싸워야 되느냐. 자기자신뿐만 아니라 일족이 멸할 줄 번연히 알면서 왜 싸워야 하느냐. 일에 착수한 사람이나 참가한 사람이 옳은 일인 줄 알았기 때문이요, 옳은 일이니 자기들의 생명을 내놓고라도 해야 한다는 것을 깨달았기 때문이다. 상당한 관직과 후한 녹봉을 약속하면서 오라고 청하는 수구당 편으로 가지 않고 애써가며 이 죽음의 길을 찾은 유학생들이나, 그네들을 거느리고 어루만지며, 꾸짖고 달래며, 울고 싸우고 하면서, 최후 이 날을 맞이하기까지 수령들의 노력은 결코 무의미한 것이 되지 않았다. '그때에 그들이 성공만 했더라면' 이렇게 탄식만 하고 앉았지 말고, 왜 실패할 일을 하였느냐를 생각해 보자.

지금 와서 탄식만 한다면 그런 낡은 썩은 옛이야기를 들추어낼 필요가 없다. 머리를 깎고 양복을 입은 것만이 개화가 아니다. 역사란 언제든지 움직인다. 갑신년에만 개화당이 필요하였던 것이 아니라, 세상은 아직도 컴컴하다. 더구나 조선이란 이 땅덩이는 문젯거리도 못된다.

그 시대에 필요하였다가 죽은 김옥균이를 다시 살리지 못할 터이니, 이 시대에 필요한 산 김옥균이를 많이 만들자. 이런 의미로 우리는 개화당을 연구하자. 일진회와 개화당을 같은 것으로만 알던 어린아이 때의 나 자신을 회상하면서 수백만 조선의 어린이들에게 이 개화당 이야기를 들려주고 싶다. 이 사건을 영화화하는 것이 그 목적에 만분의 일이라도 이룰 수 있다면 나는 만족하겠다.

(원고에 대하여 나는 요새 내 머리가 이 개화당이라는 것으로 꽉 차 있기 때문에 이런 이야기나 적는 수밖에 없다. 무미無味한 이야기로 지면을 허비한 것을 독자의 용서를 빌 뿐.)

「개화당」의 제작자로서

만 1년 만에 〈개화당이문異聞〉이라는 작품이 완성되었다. 어느 작품에서나 느끼는 바이지만 착수할 때에 가졌던 희망은 제작중에 사라져버리고 만다. 이 작품도 처음 준비할 때는 완전한 사극을 만들어서 이름을 '개화당'이라고만 붙이려던 것이, 여러 가지 형편으로 완전한 사극으로는 될 수 없었고, 그렇다고 꾸며낸 이야기도 아니므로, 개화당이라는 밑에 괴이하게 글자들을 붙여서 〈개화당이문〉이라는 이름으로 발표할 수밖에 없었다. 여기에는 여러 가지 이유가 있다.

첫째로는 정부가 바뀌는 대사건을 그대로 그려내기에는 우리들의 재력이 너무도 빈약하였고, 더군다나 그것이 지나간 시대의 이야기기 때문에 이 문제는 한층 더하다.

둘째로는 사실의 기록만으로는 도무지 한 편의 극이 될 수 없었다. 극적으로 연결이 되지 못한 기록은 어떤 일부분의 관객 이외에는 흥미를 끌지 못하겠으므로, 흥행물로 가치가 없으니 흥행가치가 없는 작품은 만들 용기가 없었다.

셋째로는 사건이 머지않은 과거의 일이므로, 사건에 관계된 사람들 중에 생존한 사람도 있고, 또 그 친척들도 많기 때문에, 본명을 써서 사건 그대로 일일이 일기처럼 그려놓기 어려운 사정이 많았던 것이다.

그런 여러 가지 이유로 '개화당'은 〈개화당이문〉이 되어서 세상에 나아가게 되었다. 그렇다고 '개화당'이라고 이름붙이는 이상 사실에서 너무 떠날 수 없으므로 실정實情을 본위로 하려니, 여기에 또 큰 문제가 생긴다. 정사正史상에 나타난 것만은 그대로 믿는다고 하더라도(그것도 각각 다른 설이 있지만 대동소이하니), 이면사(이것은 대개 본인들과 그때 직접 본 사람의 이야기)에 있어서는 일일이 다른 설이 많기 때문에, 어느 것을 주체로 잡을 수가 없고, 어디까지가 사실인지 알 길이 없으며, 또 사실만 그대로 가지고는 너무 무미하다.

예를 들면 이규완의 담력을 시험하기 위해서 서재필이가 자기 집에 불러 칼을 내주며 ×××를 죽이라고 말했다. 그때에 규완이가 그 칼을 얼른 받아들고 나가려 하였다. 그것을 보고 비로소 규완이를 믿을 수 있었다는 것과 또 일설은 재필이가 아니요, 김옥균이가 직접 이 시험을 했다는 것이다. 누가 이 시험을 했든지 그것은 아무라도 상관이 없지만, 이것만으로는 사실이 너무도 무미하다. 그래서 여기에 좀 가미해 가지고 시험한 것이 김옥균이라고 단정해 버리고(사실은 재필이라는 편이 옳은 것 같지만), 시험하는 목적이 담력 시험만이 아니라 의지 시험까지 겸하여, ×××를 죽여 달라는 것이 아니라 대세를 보아 개화는 당분간 불가능하다는 것을 역설하고, 개화당 편의 주요한 인물 몇 사람의 목을 베어 수구당 편에 바치고 그 편으로 붙자는 것을 의논했다고 만들어 놓았다.

그 다음 우정국 앞 개천에 숨어 있다가 제일 먼저 칼을 뺀 것이 일본인이라고 되어 있는 것을 규완으로 고쳤고, 그날에 쓴 칼이 박영효가 가져온 일본도였으나 김옥균이가 준비한 조선 칼로 고쳤고, 규완이가 당일 전야(16일)에 신림申林들에게 최후의 담판을 하였다는 것을 보면 분명히 서울에 있었던 것인데, 극으로는 광주廣州에 있다가 당일에 오도록 만들었다. 이렇게 고쳐가며 해나아가는 동안에, 연결을 시켜놓으려니 사실과는 거리가 멀리 떨어진 이야기가 되었으므로, 개화당이라고 붙일 용기조차 없어졌던 것이다.

그리고 더군다나 금번 촬영 중에 제일 머리 아프게 한 것은 검법이다. 그때에 유학생들이라고 이름만 일본 유학생이지 사관학교 몇 달 동안에 무슨 검법이라고 배웠을 리가 없고, 배웠다 하더라도 사진에 일본 검법 그대로 하는 것이 보이면, 일본 구극 흉내를 낸다고 관객이 그대로 보아줄 리가 없다.

또 사실 이규완이 같은 사람의 이야기를 들으면 검법도 아무 것도 없었다고 한다. 자기가 가지고 쓴 칼이 일본도 중에도 제일 크고 긴 것이었으며, 다른 사람보다 기운이 많기 때문에 크고 긴 일본도를 함부로 내저어서 누구보다도 유리하게 썼다고 한다. 그때에 쓰던 칼은 도망해 갈 때에 치토세마루 배 위에서 일본인 누군가에게 주었다니 실물을 볼 수도 없고, 더구나 조선서는 처음 사진에 장검을 쓰는 것이기 때문에 사실과는 좀 다르더라도 순 조선식 검법을 써보려고 각 방면으로 찾아보았으나, 우리들에게 검법을 가르쳐줄 만한 사람은 찾아낼 수가 없었다.

이 문제 때문에 아주 낙망이 되어 있을 때에 누가 이런 말을 전해 준다. 조선에 검술이라고 따로 있을 리가 없다. 다른 모든 것과 같이 청나라 것을 본떠온 것이라는 것이다. 역사가 4천여 년이라면 적어도 칼이 필요했던 것은 누구나 알았을 것인데, 검법이 없었다는 것은 믿어지지 아니하는 말이나, 짧은 시일에는 구할 길이 없고 해서, 그 말을 좇아 중국인 검객이 태평통 근처에 있다고 하기 때문에 찾아다니다가 3,4일 만에야 만나서 이야기했더니, 최후의 희망까지도 끊어지고 만다.

적어도 3년은 배워야 비슷한 흉내라도 내겠다고 한다. 그럴 리가 없다고 역설했더니 절대로 될 수 없는 일이라고 일소一笑로 돌려버린다. 사실 그런 사람의 눈으로는 그렇게 보는 것이 당연한 것 같다. 첫째로 체질, 의복, 인내력 같은 것을 보아서 그렇게 생각하는 것이 당연한 일이다. 유도, 권투에 비할 것이 아니라 한다. 일본 검술과도 달라서 벌거벗은 알몸으로 철추를 휘두르며 배우는 일이니 단시일에는 도무지 될 수 없으리라는 것을 깨닫고도, 사체에 주사 놓는 격으로 마지막으로 가르쳐줄 수 없으면 당신네가 와서 조선 옷을 입고 우리 대신 해달라고 청했더니, 전년도 만보산 사건 이후로는 경찰에서 자기네 무도관의 집회를 금지했기 때문에 사람을 모을 수 없고, 혹 있더라도 4,5인에 불과하며, 그것도 일일이 물어보아야 알겠고, 일당은 한 사람에 30원 받은 예가 있다니, 하는 것이 해주기 싫은 모양이다.

시일은 급하고 그것 때문에 4,5일을 허비할 수 없어서 할 수 없이 우리들끼리 모여 하자니, 칼은 조선 칼을 한 손에 쥐고 일본 무사식으로 덤비는 사람, 서양식으로 휘두르는 사람, 별별 우스운 일이 다 많았다. 그러노라니 작품은 우스운 물건이 되는 수밖에 없다. 이 검법에 대한 것은 다음 기회를 기다리는 수밖에 없다.

또 한 가지는 규완이가 광주에서 말을 타고 오는 장면이 있는데, 물론 조선말이라야 되겠기에 여러 곳으로 구하여 보았더니, 동대문 밖에 있다기에 서강에서 만나기로 약속을 하고 가서 종일 기다렸더니, 다 저녁때에야 말 하나가 오는데 아주 말이 아니다. 말이라면 서부극에 나오는 백은白銀 같은 명마 등에 눈이 익은 관객에게 탈 사람보다도 더 작은 말이 거북처럼 엉기엉기 기어가는 것을 보면 허리를 잡고 웃지 않을 수 없다.

그래 할 수 없이 도로 보내고 달리 찾았더니 왕십리에 백마로 크고 잘 가는 것이 있다고 하기에, 나는 북간도 지방으로 다닐 때에 타던 말이 생각나서 적어도 달리기는 잘하려니 믿고 모든 준비를 다 해가지고 왕십리로 나갔더니, 말이 뚝섬에서 올 터인데 아직 아니 왔으니 기다리라기에 기다렸더니, 두 시간이나 지난 뒤에 백마 하나가 왔는데 굉장하다. 마주가 말이 사나우니 가까이 오지 말라고 소리를 지르며 밧줄로 사면을 얽어서 말이 머리도 못 돌리게 만들어 놓았다. 크기는 위에 말한 서강 말보다도 작으나 그러나 작은 대신 달리기는 잘하려니 하고 타볼 터이니 줄을 끌러 달라고 했더니, 위험하니 그대로 타라고 한다. 타보니 달리지 못한다.

왜 이러냐고 물은즉 붙잡아 맸기 때문에 그렇다고 한다. 그래 할 수 없어서 배짱을 한 번 내밀었다. 말이 달리지도 못하니 못 쓰겠다고 하고 도로 오려고 차를 불렀더니, 그 때에야 할 수 없다는 듯이 마주 어른이 내가 탈 것이니 보라면서 매놓았던 줄을 끊어 타고 나서더니 명마에 채찍질하여 내닫는데, 어찌도 빠른지 굼벵이와 경주하면 100미터에 3척쯤이나 먼저 갈까 말까.

할 수 없이 선금 준 것도 곱게 날리고 돌아오며 생각해 보니, 옛날이야기에는 천리마 만리마가 있었다는데, 아무리 생각하여 보아도 강아지보다 조금 더 큰 말이 지금 사람보다도 더 컸다는 옛날 사람을 등에 지고 천릿길을 하루에 갔을 리가 없다. 옛사람이 입던 옷이나 칼을 보면 반드시 지금 사람보다는 기운도 세고 몸도 컸을 터이니, 말도 옛날에는 큰 것이 있었을 터이지. 이렇게 혼자서 단정하여 버리고 승마 구락부로 가서 서양말 중에 기중 제일 작고 잘 가는 말을 골라 내놓으니 맞는 조선 안장이 없다. 할 수 없이 담요를 두르고 베리줄을 돌려서 가설해 가지고, 겨우 말이라고 달리는 꼴을 보게 되었다.

이러한 평탄치 못한 길을 거쳐서 된 괴물 〈개화당이문〉이 또한 검열이란 난관에서 어떠한 가위 세례를 받을는지?

이렇게 써놓고 보니까 자기변명만 늘어놓고 말았다. 망언다사忘言多謝.

2
___

아리랑

영화소설 「아리랑」

❖
나운규 원작 시나리오를 문일이 소설화하였음. 1929년 박문서관에서 출판되었는데,
문일이 누구인지는 알려진 게 없다. 필름도 시나리오도 남아 있지 않은 영화
〈아리랑〉의 내용을 알려주는 귀중한 자료다. 집필시 단성사에서 변사로 일한 서상필의
도움을 받았다고 밝혔는데, 그래서인지 무성영화 시대 변사의 해설투 느낌이 짙다.

1　아리랑 아리랑 아라리요.
　아리랑 고개로 넘어간다.
　나를 버리고 가는 님은
　십 리도 못 가서 발병 나네.

2　아리랑 아리랑 아라리요.
　아리랑 고개로 넘어간다.
　청천 하늘엔 별도 많고
　우리네 살림살인 말도 많다.

3　아리랑 아리랑 아라리요.
　아리랑 고개로 넘어간다.
　풍년이 온다네, 풍년이 온다네.
　이 강산 삼천리에 풍년이 온다네.

4　아리랑 아리랑 아라리요.
　아리랑 고개로 넘어간다.
　산천초목은 젊어만 가고
　인간의 청춘은 늙어가네.

❖
〈아리랑〉 주제가는
악보와 함께 4절까지
실려 있다. 5절은 검열에서
삭제되었지만, 1926년
10월 1일자 《조선일보》
영화 광고를 통해 5절의
내용을 추정할 수 있다.
여기서는 5절 가사를
복원하였다.

5*　아리랑 아리랑 아라리요.
　아리랑 고개로 넘어간다.
　문전의 옥답은 다 어디 가고
　동냥의 쪽박이 웬일인가.

개봉에 앞서 〈아리랑〉 촬영 소식을 보도한
《동아일보》(1926.9.19)에 실린 사진. 사진 속 인물은 나운규와 신일선.

10월 1일 드디어 개봉 「아리랑」

현대 비극、웅대한 규모!／대담한 촬영술!／
조선 영화사상의 신기록!／당당 개봉!／
촬영 3개월간／제작비용 1만 5천 원 돌파!／

눈물의 아리랑、웃음의 아리랑、막걸리 아리랑、
북구표의 아리랑、춤추며 아리랑、
보내며 아리랑、떠나며 아리랑。

문전의 옥답은 다 어디 가고
동냥의 쪽박이 웬일인가。

보라!／이 눈물의 하소연!／일대 농촌 비시悲詩…
누구나 보아둘이 훌륭한 사진!／오너라!／보아라…

❖ 〈아리랑〉 광고(《조선일보》 1926.10.1)의 주요 문구. 광고문 중간의
노래 가사는 주제가 5절의 가사로 추정된다. 검열에 걸려 이후의
광고에서는 사라지고、같은 내용이 실린 광고 전단지 1만 매도
압수되었다.

살진 전답과

아름다운 산천을

자랑하던 백성들이

길고 긴 세월에 쌓인

설움의 시詩를

읊으려 한다.

T 개와 고양이

도회를 멀리 떨어진 곳에 그윽한 평화에 싸여 있는 한 농촌이 있었다.

불과 몇 호밖에 아니되는 이 동리에 사람들은 소작인이라는 가느다란 줄에 목을 매고 그날그날의 생활을 이어가고 있었으며, 이 동리에 젊은 두 사나이가 있었고, 그들은 무엇 때문인지 만나기만 하면 마치 개와 고양이와도 같이 싸우는 것이다. 오늘도 길거리에서 만난 그들은 또 다시 맹렬히 싸우기를 시작하였다.

쫓아가고 쫓겨가고, 논두렁 밭고랑, 높은 언덕 낮은 골 할 것 없이 쫓기던 사나이는 할 수 없이 자기 집으로 돌아왔다.

"얘들아."

그리고 기호는 헐레벌떡거리며 쫓아온 영진이를 잡으라고

하인들에게 엄령嚴令을 내리고 자기는 집으로 들어갔던 것이다. 그리하여 하인들은 영진이를 잡으려고 하였으므로, 반항하는 영진이와 하인 사이에는 또 싸움이 계속되는 것이다.

T 돈 많고, 세력 많고, 동리 사람들이 호랑 영감이라고 부르는 이 집 주인 천상민.

그는 이 동리의 대지주로서 군수 같은 절대의 권리와 세력을 가지고 동리 사람을 자기 마음대로 하는 것이다.

바깥에서 요란한 소리가 들리는 고로 천상민이 놀란 듯이 문을 열고 내어다보니 기호가 헐레벌떡거리며 들어온다.

T "그 미친놈이 또 왔습니다."

기호는 가장 큰일이나 난 듯이 마루에 걸터앉으며 주인에게 황망히 말하였다. 그리하여 천가는,

"그 미친놈이 또 왔어? 어디 왔단 말이냐?"

하며 물었다. 기호는 그를 데리고 대문 밖으로 나가 영진이 있는 곳을 가리키며,

"네, 저기 있습니다."

하며 가리켜 주었다.

T 어느 사립 전문학교 2학년에서 퇴학하고 귀향한 후에 철학을 연구하다가 미쳐났다는 이 동리의 명물 사나이 최영진.

무한한 혈기에 뛰노는 젊은이로서 무서운 현실의 박해를

받고 그는 견디다 못하여 미쳐났던 것이다. 논으로 밭으로 쫓겨다니던 영진이는 산 위에서 여러 놈의 하인들에게 결국 잡히고 말았다. 그리하여 하인들은 무슨 수나 난 듯이 영진이를 결박하여 가지고 주인 천가의 집으로 끌고 왔던 것이다. 기호 역시 무슨 수나 얻은 듯이, 기쁨에 가득 찬 빈정거리는 웃음을 짓고 있다.

T 이 집 청지기로 주인 천가에게는 한없는 귀염을 받지만, 동리 사람들은 송충이같이 싫어하는 오기호.

T 자기 주인의 권력을 믿고 동리 사람들을 여지없이 압박하며 피와 기름을 빨아먹는 악마와 같은 사나이다. 심술 사납고 마음 곱지 못한 오기호가 영진이를 발길로 걷어차니, 영진이는 가장 사납게도 원한이 가득한 얼굴로 분노에 끓는 피가 뛰는 듯이 결박을 당한 채로 벌떡 일어선다.

옆에서 영진이의 거동만 보고 서 있던 주인과 기호와 하인들은 깜짝 놀라 한 걸음 뒤로 물러섰다. 그리하여 주인 천가는 기호를 부르며 영진이를 데리고 가서 영진이 아버지를 불러오라고 하였다.

T "이놈을 데리고 가서 이놈의 아버지를 불러오너라."

그리하여 하인들은 영진이를 데리고 영진이 집으로 향하여 가는 것이다.

T 사흘에 한 번씩 이 마을을 지나가는 최대급행 통신원 배달부는 가장 피곤한 듯이 졸면서, 이 동리에 무슨 우편인지 전하려고 불구의 아픈 다리를 절뚝거리며 멀리 아리랑고개를 바라보고 기운 없이 걸어오는 것이다.

T 20년 동안이나 학생이 30명인 동리 학교에서 교장, 학감學監, 훈장訓長, 하인을 겸임하여 내려오는 박 선생.

박 선생은 동리를 향하여 온다. 배달부는 피죽 한 그릇 못 먹은 걸음으로 동리로 오다가 박 선생을 보았다. 그리하여 반가운 듯이 가뜩이나 절뚝거리는 느린 걸음에 뛰어오려다가 앞 개천 허방에 빠졌다. 얼마 동안 애를 쓰다가 억지로 일어나서 편지 한 장을 박 선생에게 전하였다.

T 그것은 4년 전에 이 마을을 떠나가서 지금은 어느 대학에 다니는 윤현구라는 청년이 오늘 이 마을로 온다는 기별이었다. 자기가 가르친 학생이 성공한 것과 장성한 그의 얼굴이 지금 자기 앞에 나타날 것을 생각하고, 편지를 받아 본 박 선생은 기쁨을 참지 못하여 울고 웃으며, 이 기쁜 소식을 전하여 같이 즐거움을 맞이하려고 영진이의 집으로 향하여 갔던 것이다.

T 얼마 가지고 있던 논밭도 아들의 학비로 다 없이 하고, 지금은 한숨이 끊일 새 없는 미친 영진의 부친.

쓸쓸한 이 동리에서 살아가며 자기는 이 사회에 대하여

아무것도 모르나, 자기 아들 영진이만은 훌륭한 인물을 만들어주기 위하여 얼마간 가지고 있던 논밭도 다 아들 학비로 들어가고, 지금은 애처롭게도 광인狂人이 된 영진이를 앞에 놓고 긴 한숨과 나날이 닥쳐오는 고통만이 가득할 뿐이다.

영진이가 천가의 하인에게 결박을 당하여 끌려 들어오는 것을 볼 때에 그의 가슴은 얼마나 쓰라리고 아팠으랴만, 하인들에게는 한마디의 말도 못하고 가장 세상이 괴로운 듯이, 아니 세상이 원망스러운 듯이 영진이를 때리는 것이다.

박 선생은 분주하게도 기쁜 듯이 동리로 다니며 현구가 온다는 것을 알려준다.

T 다정하던 오빠가 미쳐나고 사랑하는 어머니를 잃어버린 외로운 처녀 최영희.

영희는 안에서 집안을 치우고 있다가 나와, 아버지가 영진이를 때리는 것을 보고 아버지에게 달려들어 말린다. 박 선생도 영진의 집으로 와서 영진이 아버지가 영진이를 때리는 것을 보았다. 이것을 억지로 말리고 나서는 영진이의 곁으로 가며,

"영진아, 현구가 온다."

박 선생은 영진이를 흔들며 현구가 온다는 것을 아무리 말하였으나, 광인 영진이는 이것을 조금도 모르고 태연히 있

을 뿐이다. 박 선생은 하도 기가 막혀 영진이 아버지를 보고 하염없는 목소리로 말하였다.

T "그것이 벌써 4년 전 일입니다 그려. 두 놈이 저 아리랑 고개를 넘어갔던 것이…"

이 말을 듣는 영진이 아버지 눈앞에는 영진이와 현구가 어깨를 마주 잡고 서울을 향하여 아리랑고개를 넘어갔던 것이 눈앞에 아련히 나타나 보이었다. 옛일을 추상하며 정신없이 서 있는 영진이 아버지를 흔들며 기호는,

T "우리 댁 대감이 오라시니 하여간 갑시다."

기호에게 이 소리를 들은 영진이 아버지는 어찌할 수 없이 새끼에 매인 돌멩이 모양으로 가는 것이었다.

T 환영 준비. 박 선생은 동리를 돌아다니며 만나는 사람마다 현구가 온다는 소식을 전하니, 동리 젊은 사람들은 논밭에서 일을 하다 말고도, 나무하러 가다가 말고도, 소에게 꼴을 먹이다가 말고도, 모두 현구를 맞이하러 나오는 것이다. 그리하여 옛날에 같이 놀던 정다운 친구인 동네 젊은 사람들은 동네에서 조직된 청년회의 깃발을 날리면서 아리랑고개로 가는 것이었다.

T "그래, 빚진 돈을 재촉한다고 미친 자식 놈을 보내서 나

를 괴롭게 굴겠단 말인가?"

천가는 노기가 등등하여 영진이 아버지에게 이와 같이 말하였다. 이 소리를 들은 영진이 아버지는 할 말은 태산 같으나, 그러나 너무나 가슴이 미어지는 듯이 아파서 아무런 언짢은 소리 한마디 못하고 그냥 순순히 말하였다.

T "그럴 리가 있겠습니까? 다시는 그놈을 붙잡아두고 내보내지 않겠습니다."

영진이 아버지는 빚진 죄인이라, 이와 같이 천가에게 천대와 모욕을 당하여 가며, 쓰라린 가슴을 억제하고 그만 사죄를 할 수밖에 없게 되었다. 이 쓰라린 가슴과 기막힌 사정을 뉘게다 하소연하며, 따라서 어느 누가 이 사정을 알아줄까?

T 몹시도 기다리던 하기 방학은 왔다. 세상에 가장 다정하던 친구 영진이를 찾아오는 윤현구.

휘 돌아가는 산모퉁이 길에 구르는 마차 소리는 산촌의 적막을 깨쳐낸다. 현구는 눈을 들어 사면을 바라보니 산천은 의구하고, 옛일이 더 한층 그리웠다. 거치러운 세상, 무한한 인생은 그 얼마나 변하였을꼬 하며 아리랑고개를 넘어오는 현구는 동리로 향하여 온다.

누가 보든지 얼굴에 가장 다정다한多恨한 빛이 나타나니, 그의 미묘한 얼굴과 쾌활한 동작은 누구라 흠모치 않으며 누가 자랑치 않으랴. 4년 전에도 이 동리 젊은 사람들과 다정하게 지내던 친구였지만, 그 중에도 제일 다정하던 친구는 물론 영진일 것이다.

박 선생과 동리의 많은 친구들은 청년회 깃발을 선두로 하고 나와 기쁨에 넘칠 듯이 현구를 맞이하였으며, 현구는 선생과 같이 영진이 집으로 가는 것이다.

T 차금借金 300원을 내일 안으로 바치지 않으면 차압을 한다는 명령을 받고 돌아오는 길에…

영진이 아버지는 영진이로 말미암아 이 세상을 저주하며 원망하는 듯이 수심에 가득 싸여 어느 곳에 호소할 곳조차 바이없는 몸에, 차금 300원을 내일 안으로 바치지 않으면 차압을 하겠다는 명령을 받고, 천 근이나 되는 듯이 무거워진 머리를 푹 숙이고 시름없이 집으로 돌아오는데, 기호가 숨이 찬 듯이 헐레벌떡거리며 뒤로 와서 부른다.

영진이 아버지는 오던 길을 멈추고 돌아다보니, 보기도 싫은 기호가 부르는 것이다.

T "그러게 제가 여러 번 말씀드린 게 아닙니까? 제가 그다지 부족한 점이 없으시다면, 혼인 문제만 허락하십시오. 만사가 해결될 터이니."

기호는 영진이 아버지에게 태연히 웃으면서 명령적 언사

로 말하는 것이다. 이 소리를 들은 영진이 아버지는 그만 감정은 극도로 흥분되었으나, 그러나 별반 큰소리도 못하고 다만 힘없는 소리로…

T "다 귀찮소. 아무 말도 마시오."

영진이 아버지는 기호의 말을 거절하였다. 기호는 협박 비슷이 또 말을 하였다.

T "그렇게 고집을 세우다가는 좋지 못한 일이 미치실 줄 깨달으셔야 합니다."

이 말에 영진이 아버지는 아무 대답도 아니하고, 좋지 못한 기분을 억지로 참고 힘없이 집으로 돌아온다.

영진이 아버지 눈앞에는 또 이런 것이 나타나는 것이다. 기호가 자기 집으로 들어와서 얼마 되지 않는 살림살이에 세간이나마 마저 차압을 하여 가니, 딸 영희는 울며 자기를 붙들고,

"아버지, 얼마 남지 않은 이것이나마 마저 차압을 하여 가면, 우리는 어찌 살아갑니까? 이제는 거리에서 방황하며 빌어먹는 거지가 되겠습니다 그려."

하며 우는 것이다. 딸이 울던 울음소리가 자기의 고막을 울리는 듯, 괴로운 마음을 진정할 수가 없었던 것이다.

T "하여간 내일은 300원을 주시든지 혼인을 승낙하시든지, 어느 편으로든지 작정을 할 수밖에…"

기호는 이러한 협박적 말을 놓고 갔다.

영희는 현구가 돌아온다는 것이, 생각을 하면 어쩐지 기쁘기도 하다. 자기 오빠의 처지를 생각하면 애달프기 짝이 없었다. 그래도 새 손님이 오게 되므로 한쪽으로는 정성을 내었던 것이다.

현구는 오래간만에 반가이 영진이를 만나려고 영진이 집에 들어왔으나, 그러나 영진이는 아무 반가운 기색도 없이 아리랑타령만 부르고 있는 것을 보고 이상스럽게 여기지 않을 수 없었다.

T "영진아, 웬일이냐. 영진아, 영진아."

반신반의로 영진이의 미친 모양을 보고 현구는 실망치 않을 수 없었다.

T "어떻게 된 일입니까? 집도 없는 이곳을, 누구를 찾아왔겠습니까? 글쎄, 이게 웬일입니까?"

현구는 실망한 태도로 영진이 아버지와 박 선생을 붙잡고 원망하는 듯이 말하였다. 이 얼마나 현구에게는 갑갑한 일이랴. 아무리 영진이를 불렀으나, 그러나 미친 영진이는 가장 다정하던 현구도 알아보지 못하고, 공연히 아리랑 노래만 부르고 있을 뿐이다. 박 선생은 갑갑한 형상을 보고 눈에서 눈물이

걷잡을 새 없이 흐른다. 박 선생은 실망하고 있는 현구를 붙들며 목이 메인 소리로 말한다.

　T "아까부터 여러 번 말을 하려고 하였으나 차마 입이 열려야 하지."

　이와 같이 박 선생은 목메인 소리로 말한다. 현구는 다정다한하던 영진이를 반가이 만나려고 왔던 것이 오히려 집안에는 답답한 눈물로 화하고 말았다.

　T "이놈아!"

　마음 곱지 못한 기호는 동리 젊은 사람들이 현구를 맞이하고 돌아오는 것을 보고, 노기가 가득 차서 소리를 지른다. 그것은 자기보다 훌륭한 사람을 질투하는 마음으로, 죄 없는 사나이들을 때리며 현구를 출영하는 것을 질책하는 것이다. 젊은 사나이들은 기호에게 얻어맞는 것이 분하고 원통하기가 짝이 없으나, 그러나 그네들은 천가의 집에 하인들로 있는 사람, 천가의 소작인 노릇을 하는 사람, 이러한 어쩔 수 없는 쓰라린 사정에 얽매여 있음으로 말미암아, 얻어맞고도 아무 말도 못하는 것이다.

　T "왜들 야단이냐? 죽었던 네 할애비가 살아오느냐? 시골 놈들이 멋없이 날뛰는 꼴이라고는, 그것 참!…"

　기호는 또 때린다. 그래도 분이 풀리지 않았는지, 그 중의 한 사람을 끌고 가서 흠씬 때려주고 자기 집으로 끌고 가는 것이다. 이것을 보는 피 끓는 젊은 사나이 한 사람이 동무 한 사람을 끌고 가는 기호를 쫓아가서 분풀이를 하려고 할 때에, 박 선생님이 와서 붙잡으며 이와 같이 말하였다.

"여보게들, 공연히 그러지들 말게. 나도 이 분하고도 쓰라린 사정이야 모르겠나? 그러나 자네들은 천가의 집 하인이며 소작인들이 아닌가? 기호를 공연히 건드리면, 거기엔 자네들의 생명이 달린 것이 아닌가? 분하여도 자네들의 늙으신 부모와 처자를 생각하고 참고들 돌아가게."

이 말을 들은 젊은 사나이들은 끓는 피와 쓰라린 가슴을 억제하고 집으로 돌아갔다. 박 선생은 다시 영진의 집으로 돌아왔다.

T "차마 이 꼴은 못 보겠소."

미친 영진이를 붙잡고 애달프게도 원한에 젖은 듯이 우는 현구의 모양을 보고, 박 선생은 영진이 아버지에게 목메인 말을 한마디하고 그곳을 떠난다.

T 그날 저녁에 이 반가운 나그네를 위하여 동리 사람들이,

T "떡이라도 좀 해올까 했지만 얼른 돼야지."

동리 부인네들은 반가운 나그네를 맞이하기 위하여 음식

을 차려 가지고 영희 집에를 온다. 영희는 고맙다는 인사를 하고 받았다. 그리고 영희는 저녁상을 정성껏 정갈스레 차려서, 상을 들고 부끄러운 듯이 얼굴을 푹 숙이고, 현구 앞으로 가만히 갖다 놓는다. 영희는 다정스러이 현구의 지나온 이야기라도 물어보려고 하였으나, 부끄러워서 아무 말도 못하고 옆에 가만히 앉아서, 현구의 사나이답게 생긴 얼굴만 힐끔힐끔 볼 뿐이다.

T 저녁상 주부主婦와 나그네. 청춘과 청춘.

현구도 역시 밥상을 받고 아무 말도 없이 앉아서, 영희의 그 아름다운 태도, 북실북실한 얼굴만 곁눈질하여 볼 뿐이다. 현구가 4년 전에 이 마을에 있을 때, 영희가 아직 어렸을 때와는 딴판인 것에는 아니 놀랄 수 없었다. 그리하여 밥상은 그대로 앞에다 놓고, 겨우 이제야 말을 꺼내기 시작하였다.

T "저- 영희 씨?"

영희는 부끄러움이 아직도 가득 찬 얼굴에 겨우 고개를 들며, "네" 하고 대답하였다. 현구는 기쁜 듯이 또 다시 말을 계속한다.

T "아버지께서는 어디로 가셨습니까?"

영희는 현구의 묻는 말에 공연히 수심이 가득한 빛을 띠며, 한참 만에 대답을 하는 것이다.

T "화가 나시니까 매일 술만 잡수셔요."

현구는 알아들은 듯이 고개를 가만히 끄덕이며, 자기가 가지고 온 트렁크에서 무엇인지 꺼내어 영희에게 주며, 다정한 음성으로 말한다.

T "이것은 아버지께 드리려고 사 온 것입니다."

영희는 또 아무 말도 못하고 부끄러운 듯이 받아 들었다. 현구는 또 하나를 꺼내어 주며,

T "이것은 영진 군에게 주려고…"

현구는 또 무엇인지를 두 개를 꺼내어 주며,

T "영희 씨."

영희는 자기에게도 무엇인지 준다는 것을 퍽이나 고맙기 한량이 없었으나, 그러나 부끄러워서 고맙다는 말 한마디도 못하고 받았던 것이다. 현구는 각각 선물을 내어준 다음에는, 어린 양과도 같이 곱고도 아리따운 영희의 태도와 마음에 자기의 마음이 아니 끌릴 수가 없었던 것이다.

영희는 현구가 주는 그 선물을 자기 방으로 가지고 와서, 자기 몫으로 준 것부터 펴보았다. 하나는 농촌에서는 도무지 보지도 못하던 서양 과자였고, 하나는 현구의 사나이답게 생긴 사진이었다. 영희에게는 이 얼마나 기뻤으랴.

그런데 영진의 아버지는 모든 고민의 환경을 술로써 잊으

려고, 매일 주점에 가서 술 마시는 것을 일과로 하기는 하나, 그 번민과 고통은 심하여 갈 뿐이다.

T 때때로 끌려가는 그의 세계는… 영진이는 또 미쳐났다. 때때로 끌려가는 그의 세계는 모든 것이 딴 세상이었다. 그리하여 그의 눈에는 항상 모든 것이 저주의 불길과 악마로 화하고 마는 것이다. 지금도 뜰에서 어쩐 일인지 헛소리만 하고 있는 것이다.

T "어머니! 어머니! 영희야! 영희야!"

현구와 영희는 안에 있다가 영진이의 부르는 듯한 소리를 듣고 뜰로 나가 보니, 영진이가 또 미쳐서 헛소리를 하는 것이다. 영진이는 영희와 현구가 나오는 것도 모르고, 또 소리를 지르며 부르짖는다.

T "아- 배고파! 목이 말라 죽겠다, 물을, 물을…!"

하며 선웃음을 친다. 영희와 현구는 다정하던 영진이의 부르짖음에 공포에 아니 싸일 수가 없었던 것이다. 영진이는 더 큰 목소리로 외친다.

T "진시황도 죽었다지!"

만리장성 둘러쌓고, 아방궁을 높이 지어 삼천 궁녀 시위하며, 귀와 눈이 좋아하는 것을 즐기고悉耳目之 小好, 마음이 즐

거워하는 것을 다 즐기던窮心志之 所樂 진시황도 여산驪山(진시황
의 무덤이 있는 산–편집자 주)의 무성한 풀 저문 날에 한 무덤의
흙만 남겨놓고 말았다. 풀잎에 달린 이슬 같은 인생들이야 말
다하여 무엇하랴. 그리하여 영진이는 뜰 가운데 서서 요령부득
으로 부르짖으며 딴 세상을 상상하게 되어 그의 눈앞에는 황
막한 세상으로 보인다.

저편으로부터 인디언 상인과 나그네 한 사람이 오는 것이
다. 그런데 상인이라는 것은 기호요, 나그네는 자기 영진이었
다. 나그네는 목을 쥐며 상인에게 무엇을 애원한다. 그것은 목
이 마르니 물을 좀 달라는 것이다. 그러나 무정하게도 상인은
물을 주기는 고사하고, 오히려 목이 말라서 다 죽어가는 나그
네를 발길로 차버리는 것이다. 나그네 그는 목이 말라서 기진
맥진한 몸에 발길로 채인 채로 대항도 하지 못하고 쓰러져 있
는 것이다. 이 얼마나 악마와 같으며 잔인하고 무도한 일이랴.
목이 말라서 물 좀 달라고, 물 좀 달라고 애원하는 것도 돌아
보지 않고, 오히려 발길로 차버리는 것이다. 이때 또 그곳에 나
타난 어떤 젊은 남녀 두 사람이 상인 앞에 와서 상인에게 물을
달라고 애원한다. 남녀 두 사람은 현구와 영희다. 상인은 물병
을 들어 모래 바닥에 쏟아 보이면서, 비웃는 웃음을 웃으면서,
여자 앞으로 가까이 가며 말을 한다.

T "저 사나이를 버리고 나를 좇아온다면…"

상인이 이와 같이 말하니 여자는 목이 당장 말라서 죽을 지경이라 어찌 할 수 없이 약한 마음에 승낙을 하였다. 그리하여 상인은 기쁜 낯으로 여자에게 물을 주는 것이다. 이것을 본 남자는 분하여 상인에게 달려들어 격투가 시작되었다. 먼저 상인에게 물을 좀 달라고 하다가 상인의 발길에 차여 쓰러져 있던 나그네는 상인과 남자가 격투하는 것을 보고, 소리를 크게 지르며 달려든다.

T "악마!"

나그네와 상인은 얼마 동안 격투를 하였다. 그리하여 결국은 고약한 상인이 나그네의 날카로운 칼날 아래 썩은 생명을 끊기고 만다. 미친 영진이는 현구와 영희에게 부르짖는 것이다. 그의 눈은 아직도 사막을 보고 있다.

T "이 약한 계집애야, 네가 사랑하는 그 사나이에게로 가거라. 아니 가면 죽인다."

영진이는 그리고 두 사람더러 껴안으라고 이상스러이 이르는 것이다. 두 사람은 어쩔 줄 모르다가 둘이 껴안으려 할 때 영진이는 또 현구를 가리키며 소리 지른다.

T "불쌍한 젊은이여, 그 계집애를 껴안아라. 그리고 네가 살아 있는 동안 놓지를 말아라."

현구는 어쩔 수 없이 영희를 껴안는다. 영진이는 또 명령을 한다.

T "그리고 너희들의 세상으로 가거라."

미친 영진이는 이렇게 하여 놓고 웃으면서 저쪽 담으로 넘어갔다. 현구와 영희는 겨우 정신을 차렸다.

T 도회에서 온 청년, 더구나 오빠의 다정스럽던 친구. 산촌에서 자라난 어여쁜 처녀, 친구의 누이동생. 그들 사이는 그다지 먼 것은 아니었다. 그날 밤, 영희는 현구의 사진을 들여다보면서 무한히 그를 동경하였으며, 사모하였다. 현구도 역시 영희를 사모하였던 것이다. 현구는 영희와 같이 조용한 틈을 엿보아 마루 끝에 나와서, 바이올린을 켜며 영희를 가슴에 안아 보기도 하였다. 그리하여 두 젊은이 사이는 오랫동안 사랑의 멜로디가 아니 흐를 수가 없었으니, 벌써 정식으로 결혼을 한 부부 사이와도 같이 굳은 맹세를 세웠던 것이다.

T 그러나 300원이라는 대금을 낼 힘이 없는 줄 아는 기호는 오늘이 약혼인인 것을 익심치 않았다. 그러나 도회에서 온 청년이 이 집에 머물게 되었으니, 무슨 일이나 아니 생길까 하여 궁금히 밤을 새우고, 신식 미안법美顔法과 최신 유행법으로… 사실 기호는 돈 받을 욕심은 없는 것이다. 단지 300원이

영화소설 〈아리랑〉

75

라는 대금을 빙자로 자기의 야욕을 채우기 위하여, 자기로서는 가장 모양이나 내듯이 차리고, 영진이 아버지를 만나러 오는 것이다.

현구는 영희의 손목을 다정스러이 붙잡고 재미있게 이야기를 하여준다.

T "네플류도프가 카추샤의 손목을 잡으면서 '나는 모스크바로 가기 싫다.' 그러나 카추샤는 부끄러워서 얼굴만 빨개지고, 그 대학생의 얼굴도 쳐다보지 못했답니다."

현구는 이렇게 영희에게 카추샤의 소설 이야기를 들려준다. 현구는 또 이야기를 계속한다.

"그러는 동안에 하기방학도 지나가고 두 사람은 할 수 없이 갈라지게 되었습니다. 학생이 파노보를 떠나 모스크바로 가는 날 아침에…"

역시 카추샤의 이야기는 계속된다. 영진이 아버지는 이도 모르고 시름없이 새끼만 꼬고 있다. 기호는 갖은 모양을 다 내가지고 영진이 아버지를 만나려고 영진이 집 문 앞까지 왔다.

T "저 사람은 아리랑타령만 부르면 좋아합니다."

영진이 아버지를 만나려고 문 앞까지 오기는 하였으나 영진이가 문 앞에서 못 들어가게 하므로, 기호는 동리 사람들의 말에 의지하여 아리랑타령을 부르면서 들어가려 하였다.

T “악마!”

영진이는 기호에게 무의식적으로 부르짖었다. 영진이는 아직까지도 사막의 환영을 일으켜서 기호에게 부르짖는 것이다. 이럴 때 동리의 어떤 처녀 하나가 지나가는 것이다. 사막의 환영을 아직까지도 일으키고 있는 영진이는 동리 처녀와 기호를 가리키며 또 부르짖었다.

T “불쌍한 젊은이여, 그 계집애를 껴안아라!”

그리하여 기호는 영진이가 소리쳐 부르짖는 때는 어찌할 수 없이 그 처녀에게 달려들어 껴안으려 하였다. 처녀는 깜짝 놀라 기호를 뿌리치며 달아났다.

기호는 다시 영진이 아버지를 보러 들어가려 하였으나, 무서운 영진이가 서 있었으므로 들어가지는 못하고, 어쩔 수 없이 한 계교를 내었던 것이다. 그것은 동리로 나가서 한 조그마한 어린아이에게 돈 몇 푼을 주어, 영진이 집에 들어가서 영진이 아버지를 불러달라는 것이었다. 그리하여 동리 아이는 영진이의 눈을 피하여 들어가서 영진이 아버지에게 기호가 부른다는 것을 전하였다.

영진이 아버지는 기호가 부르는 것이 그다지 반갑지는 않았으나, 기호에게 매인 몸같이 된 형편이라 어찌할 수 없이 새끼를 꼬다 말고 나왔다.

기호는 영진이 아버지를 주점으로 데리고 가서 또 다시 영희와 자기와의 결혼 문제를 꺼내는 것이다.

T "오늘은 아주 정해 버립시다."

기호는 영진이 아버지에게 결혼 문제를 졸라댄다. 그러나 영진이 아버지는 결코 자기의 귀여운 딸 영희를 포악무도한 기호와 결혼시킬 마음이 없는 것이다. 기호는 조르다 못하여 이러한 말로 영진이 아버지를 꼬인다.

"저에게 결혼 문제만 승낙하신다면 그까짓 300원쯤의 차금 문제는 다 해결되지 않습니까? 자, 얼른 결혼 문제를 승낙하십시오."

T "여보, 돈은 돈이요, 결혼은 결혼이지. 그게 무슨 말이오?"

하며 영진이 아버지는 노기등등하여 기호의 말을 핀잔주었다. 기호는 어찌할 수 없는 듯이 앉아 있다가 의기양양한 듯이 또 말한다.

T "그렇지만 저도 괴롭습니다. 주인은 받아오라고만 하니, 오늘은 어느 편으로든지 정해 버립시다."

영진이 아버지는 하도 기가 막혀 가만히 있으니, 기호는 또 졸라대기 시작한다.

미친 영진이는 언제나 변함없이 오늘도 아리랑타령을 부르고 있다. 곁에 있는 친구는 영진이가 부르는 아리랑타령을 바이올린으로 반주하며, 영희에게 합창하기를 청하였다.

"함께 부릅시다."

영희는 바이올린 반주에 맞추어 아리랑타령을 부른다.

T "아리랑 아리랑 아라리요. 아리랑 고개로 넘어간다."

T "나를 버리고 가는 님은 십 리도 못 가서 발병 나네."

세 사람은 침울한 가운데도 노래를 부르고 있다. 기호는 여지껏 영진이 아버지에게 결혼 문제를 졸라대었으나, 그는 거절을 당하는 것이다.

T "그럼 어떤 일이 있든지 결혼은 승낙하지 못하시겠다는 말씀입니까?"

기호는 이같이 말하며 영진이 아버지의 환심을 사려고 그를 주점으로 인도하여 가지고 술을 권하여 가면서 협박도 하여 가며 졸랐으나, 술잔에 이 문제를 승낙할 리는 없다. 그리하여 영영 거절을 당하여 버리고 말았던 것이다.

T "그만 두시오. 이제야 차압을 할 수밖에."

기호는 영진이 아버지의 무언중 거절하는 표시에 감각되어 냉소를 띠며 돌아갔던 것이다.

T 모든 것을 굳센 힘으로 거절하였으나, 장차 돌아올 일가의 운명을 생각하니… 그리하여 영진이 아버지는 번민과 고통 가운데 싸인 머리로 여러 가지 생각을 하며 집으로 돌아오는 것이다.

T "아리랑 아리랑 아라리요. 아리랑 고개로 넘어간다. 산천초목은 젊어만 가고 인간의 청춘은 늙어가네."

영진이와 현구는 다정스럽게 노래 부르며 서로 보고 웃는다.

T 논과 밭을 팔아 공부 시작한 외아들은 원인도 모르게 미쳐버렸다. 영진이 아버지는 미쳐버린 아들로 말미암아 밤낮으로 수심과 번민에 싸여 있는 터에, 가산이라고는 하나밖에 아니 남은 집까지 천가에게 빼앗기게 되니, 거의 미칠 듯이 흥분이 되어서 집으로 돌아와 불쾌한 음성으로 영희를 부르는 것이다.

T "영희야!"

영희와 현구는 노래를 부르며 기쁨에 가득한 듯이 앉아 있었다. 영희는 아버지가 흥분된 어조로 부르는 소리에 깜짝 놀라 현구의 앞을 멀리 하며 대답하였다. 영진이 아버지는 더 한층 불쾌한 듯이 영희와 현구 앞으로 가까이 가며 말한다.

T "다 귀찮다. 자네도 이제는 가게, 가."

영진이 아버지는 현구가 보기 싫어서 사실로 가라는 것은 아니나, 공연한 흥분으로 말미암아 그와 같이 말한 것이다. 그리하여 현구에게 가라는 문제는 흐지부지 해결되었던 것이다.

T 기호의 목적은 차압이 아니었다. 영희 아버지의 강경한 태도를 볼 때에 기호는 낙심치 않을 수 없었다. 그리하여 영희에게 마음을 두었던 기호도 이에는 번민치 않을 수가 없었으니, 이제부터는 어떠한 계획을 세울 것인가.

T 기쁜 사람, 슬픈 사람, 늙은이와 젊은이, 모든 것을 잊어버리고 즐겁게 뛰노는 날이 돌아왔다.

그리하여 농민들은 기쁜 사람, 슬픈 사람, 남녀노소 할 것 없이 넓은 뜰로 모이었다. 1년 세월이 다 가도록 비와 바람을 무릅쓰고 피와 땀 흘려가며 농사일에 얽매여 헤어나지 못하던 그들은 이 하루가 다시없는 기쁨의 날이었고, 행복한 날이었다.

T "아리랑 아리랑 아라리요. 아리랑 고개로 넘어간다. 풍년이 온다네, 풍년이 온다네. 이 강산 삼천리에 풍년이 온다네."

촌민들도 아리랑타령을 부르는 것이다. 꽹과리, 피리 소리에 맞추어 춤추는 사람, 술 마시며 노래 부르는 사람, 이네들에게는 큰 잔치가 벌어졌던 것이다.

T "아리랑 아리랑 아라리요. 아리랑 고개를 넘어간다. 청천 하늘엔 별도 많고 우리네 살림살인 말도 많다."

현구도 영진이도 농민들과 함께 섞이어 열광적으로 춤추며 노래 부른다.

T 이 즐거운 날에 외로이 남아 있는 영희는… 기쁨에 홀로 남아 있는 영희는 현구 사진을 들여다보면서 장차 앞으로 돌아올 이별의 날을 생각하고 있었다. 다시금 사진은 현구의 환영으로 나타나 보였고, 이것이 다시금 애달픈 이별의 환영으로 화하였다.

네플류도프가 카추샤를 파노보 농촌에 쓸쓸히 버려놓고 떠나가서 다시 영원히 찾아주지 않는다 할 것 같으면, 꽃 아침, 달 저녁을 나는 그가 올 때를 기다리면서 원망과 탄식의 일생을 마치고 말겠지… 하는 여러 가지 어지러운 생각에 젖어 있을 때, 아직도 농민들은 기쁨에 넘쳐 춤추며 노래 부르고 있었다.

T 차압이라는 수단으로는 영희를 잃어버리리라고 생각한 기호는 동리가 빈틈을 타서 최후의 수단으로… 영희에게 불 같은 야욕을 가지고 있는 기호는, 하인들을 데리고 영희 집으로 와서, 여러 하인을 밖에 지켜 서게 하고 자기는 안으로 들어갔다. 영희는 깜짝 놀라 달아나려고 하였으나, 불 같은 야욕에 눈이 뒤집힌 기호는 폭력을 다하여 영희를 안으려고 하였다.

잔약한 처녀의 몸으로 맹수 같은 사나이의 완력을 어찌 당할 수가 있으랴.

영희가 가장 위태로운 순간에 빠져 있을 때, 놀이터에서 놀고 있던 현구는 우연히 영희가 생각나 영희의 집으로 달려왔다. 그리하여 현구는 담 너머로 영희가 무엇을 하고 있나 하고 넘겨다보니 무서운 기호에게 시달림을 받고 있는 것이다. 단숨에 담을 뛰어넘어 들어가서 기호에게 달려들어 격투가 시작된 것이다. 이때를 타서 영희는 바깥으로 몸을 피하였다. 농민들 틈에 섞이어 춤추면 날뛰던 영진이도 집으로 돌아오는 것이다.

T 믿을 수 없는 미친 이의 머리 ─ 애처롭게도 그의 눈엔 싸움이… 영진이는 집으로 돌아와 담에 성큼 올라앉았다. 미친 그의 눈에는 현구와 기호가 싸움을 하고 있는 것이 마치 둘이 붙잡고 춤추는 것으로 보였던 것이다.

그리하여 그가 싸우는 모습을 보고 웃을 때, 기호보다 몸이 약한 현구는 기호에게 생명이 위태하게 되었다. 그러나 영진이는 아직까지도 두 사람이 춤추는 것으로만 보이는 고로, 담 위에 걸터앉아서 웃기만 할 뿐이다.

영희는 바깥 동리로 급히 나가 집집마다 돌아다니며 도움을 청하려 하였으나, 그러나 동리 사람들은 모두 들로 나가서 놀고 있으므로, 집에는 한 사람도 없었다. 그리하여 영희는 도로 빨리 뛰어가는 것이다.

T "큰일 났습니다. 사람이 다 죽게 되어 갑니다. 얼른 가구하여 주십시오."

영희는 다리 아픈 것도 잊어버리고 한숨에 농민들 놀고 있는 곳으로 쫓아가서 구함을 청하였다. 이 급보를 들은 농민들 수천 명은 영진이 집으로 달려오는 것이다.

T "악마!"

영진이는 또 미쳐난다. 그리하여 그 사막을 환상하게 된다. 그리고 약한 남자에게 동정하며 상인을 가증하게 보고, 부르짖으면서 담에서 뛰어내려, 날카로운 낫을 뽑아들었다. 드디어 기호는 영진이의 사나운 모양을 보고 하인들을 불러서 영진이를 제지하게 하였으나, 영진이는 달려 들어오는 하인을 물리치기 위하여 몸을 날리어 날카로운 낫으로 닥치는 대로 찍어 넘어뜨렸다. 그리고 영진이는 한편을 바라보니 현구는 땅바닥에 쓰러져 있었고, 성난 짐승 같은 기호는 도끼를 들어 현구를 찍으려 할 때, 이것을 바라본 영진이는 날카로운 낫을 가지고 기호의 가슴을 찍었다.

오랫동안 자기 주인의 권세만 믿고 가난의 고통에 신음하는 가련한 사람의 무리들을 여지없이 못살게 굴던 맹수와 같던 기호도 이제는 최후를 마쳤다. 그리하여 넓은 마당이 붉은 피로 물들어 있을 때, 신경과 정신이 극도로 긴장된 영진이는 이제야 비로소 옛날의 정신으로 회복되었다.

바깥에 들리는 요란스러운 소리를 따라 들어오는 사람은 아버지와 박 선생과 영희였다.

T "영희야! 영희야! 오, 선생님! 아버지!"

영희의 급보를 받고 놀라 달려온 군중은 순사에게 문 앞에서 제지를 당하고, 문안으로 들어온 영희와 부친과 선생을 보고 영진이는 꿈에서 깨인 듯이 영희와 선생과 아버지를 불렀던 것이다.

T 모든 문제가 해결되던 때에 슬픈 이야기가 시작되었다. 애처롭게 우는 영희의 흐느끼는 소리와 말없이 서로 쳐다만 보는 동리 사람들의 설움을 껴안고 그 밤은 샜다.

T 죽음의 길을 밟아 가는 사람과 보내는 사람들⋯ 이 이야기가 시작될 때에 동리 사람들은 가이없는 젊은이를 멀리 떠나보낼 뿐이요, 영진이는 순사에게 끌리어 한 많은 아리랑고개로 향하였다.

전일에 현구와 유학의 길을 함께 떠나갈 때는 모든 것이 무궁한 희망과 원대한 포부에 싸여 있더니, 붙들려 가는 오늘에는 고향산천 초목까지도 슬픈 이별의 눈물을 머금고 그의 떠남을 슬퍼하는 듯, 영진이는 아픈 가슴, 치미는 슬픔을 억제하고 눈물의 얼굴에 억지웃음을 띠며, 다시금 고개를 돌이켜 동리 사람들을 바라보고,

T "왜 우십니까? 나는 죽었던 사람입니다. 웃어 주십시오. 마지막으로 여러분과 작별해 가는 저를 기쁘게 해주십시오."

T "여러분이 우시는 것을 보면 나는 견딜 수가 없습니다. 내가 늘 불렀다는 노래를 부르면서 기쁘게 작별합시다."

영진이는 웃음을 억지로 웃으면서도 비애에 싸인 어조로 말한다.

T "영희야, 그리고 친구 현구, 어서 어서…"

영진이는 영희와 현구에게 노래 부르기를 재촉하였다. 그리하여 현구는 슬프게도 노래를 부르는 것이다.

아리랑 아리랑 아라리요.

아리랑 고개로 넘어간다.

나를 버리고 가는 님은

십 리도 못 가서 발병 나네.

아리랑 아리랑 아라리요.

아리랑 고개로 넘어간다.

청천 하늘엔 별도 많고

우리네 살림살인 말도 많다.

아리랑 아리랑 아라리요.

아리랑 고개로 넘어간다.

풍년이 온다네, 풍년이 온다네.

이 강산 삼천리에 풍년이 온다네.

아리랑 아리랑 아라리요.

아리랑 고개로 넘어간다.

산천초목은 젊어만 가고

인간의 청춘은 늙어가네.

아리랑 아리랑 아라리요.

아리랑 고개로 넘어간다.

문전의 옥답은 다 어디 가고

동냥의 쪽박이 웬일인가.

설움에 젖은 힘없는 발길은 어언간 아리랑고개에 당도하
였다. 끝까지 따라오는 사람은 현구와 영희였다. 영진은 다시금

고개를 돌이키며,

"오, 현구야- 영희야, 그대들은 어서 집으로 돌아가서 설움에 울고 계신 아버지를 위로하여 드려라. 나는 얼마 있지 않으면 돌아올 것이다."

오늘날까지 영진은 동리 사람의 슬픔에 울었고, 그들의 기쁨에 웃었던 것이다. 최후까지 그들의 복되기를 빌던 몸이 그들을 위하여 가장 위대한 희생의 길을 걷는 것이다.

이 설움에 젖은 산과 들이 돌아오는 아침 해에 빛나 있을 때, 불행한 그들이 부르는 설움의 여음을 뒤로 들으며 먼 길을 떠나갔다.

「아리랑」을 만들 때
— 조선 영화감독 고심담

　벌써 10년 전 옛이야기이다. 아득히 돌이켜 보는 10년 전 과거의 모든 것을 잊어버렸으련만, 그래도 이것이 내 처녀작인 만큼, 아직도 잊히지 않는 가지가지 괴롭던 생각이 난다.

　〈아리랑〉을 발표하기 전까지 조선에서 제작된 영화는 거의 다 고대극, 전설물과 문예작품을 영화화한 것이었다. 초기에 이 작품들이 흥행은 어디서든지 성공했다. 조선 사람이 조선옷을 입고 활동사진에 나온다는 것만으로도 입장료를 비싸게 받고 만원滿員시킬 수 있었다.

그러나 생명은 길지 못했다. 내가 아리랑을 제작하기 전 1,2년은 조선 영화 제작 사업이 무서운 난관에 걸린 때다. 관객은 조선 사람이 나온다는 것만으로 만족하지 않았다. 조선 영화는 따분하다, 졸음이 온다, 하품이 난다, 돈 내고 볼 재미가 없다, 이런 소리가 나오기 시작해서 나중에는 흥행은 되지 않고 당사자들은 어쩔 줄을 모르는 때였다.

그 당시에 조선에 오는 서양 영화洋畵를 보면 수로는 서부 활극 전성시대요, 또 대작 연발시대다. 그리피스D. W. Griffith의 〈폭풍의 고아孤兒〉를 보던 관중은 참다못하여 발을 굴렀고, 그리피스의 〈로빈 후드〉는 조선 관객의 손바닥을 아프게 하였다. 이런 때에 졸리고 하품 나는 조선 영화를 보러 올 사람의 수는 점점 줄어갈 수밖에 없었다.

영화의 한 연구생으로(지금도 그렇지만) 이리 밀리고 저리 밀려 쫓겨다니던 나는, 어떻게 하면 조선 영화가 다시 살아날 수 있을까 하고 밤을 새워가며 애를 썼으나, 관객과 나날이 멀어져 가는 원인조차 발견하지 못하는 대로 탄식만 하다가, 선배 이경손 선생에게 "화나는데 서양 사람 흉내를 내서 한 작품 만들어 봅시다" 하고 말했더니 "서양 사람과 동양 사람은 체격이 틀려서 안되오"라고 했다. 이제는 살아날 수가 없을 것 같았다.

그때에 누가 날더러 한 작품 만들어 달라는 주문이 왔다. 그때까지 출연만 해왔고, 출연 이외에는 아무 자신도 없는 나에게 이런 주문을 하는 것도 우스운 일이요, 아무 자신도 없는 내가 이런 일을 맡은 것도 지금 생각하면 기막힐 일이나, 존경하는 이경손 선생을 내놓고는 영화 한 개를 책임져 제작할 사람이 없으리라고 이렇게만 꼭 믿던 때니, 할 수 없이 내가 각색을 하고, 메가폰을 쥐고 연출하는 괴장면을 연출할 수밖에 없었다. 그러면서도 그것이 스스로 부끄러워서 이름만은 출연 이외에는 내지 않고, 전부 다른 사람의 이름을 빌려서 외형만은 면목을 지킨 셈이다.

그러나 이 작품을 시작할 때에 깊이 느낀 것은 졸리고 하품 나지 않는 작품을 만들리라, 그러자면 스릴이 있어야 하고 유머가 있어야 한다, 외국물 대작만 보던 눈에 빈약한 감을 없이 하려면 사람을 많이 출연시켜야 된다, 그래서 이 작품에 조선서 처음으로 800명이라는 많은 사람을 출연시켰다. 이 800명(1천 명 예정이었으나 현장에 온 사람)을 움직이는 데 고생이란 말할 수 없었다.

첫째, 일당이 1인 1원이니 절대로 하루에 끝내야 될 일.

둘째, 집합이 오전 10시에 의상이 맞지 않는 사람을 고르고 여러 가지 준비를 하면, 반나절 일밖에 아니되는 것.

셋째, 모인 사람이 동서남북에서 함부로 온 사람(거의 전부가 자유노동자)이니, 학생이나 군인과 달라서 통일되지 않을 것.

넷째, 날씨가 좋지 않으면 하루에 1천 원 손해 보는 것.

다섯째, 카메라가 하나니 50컷을 50번 움직여야 될 것.

이 모든 것을 어떻게 하면 무사히 끝낼까 하는 걱정으로 밤을 새우고, 이튿날 아침에 이런 진행 방법을 생각해 냈다. 800명을 16대隊(1대에 50명씩)로 나누어 1대에 한 사람씩 대장을 내는데, 그 대장은 사원 전부가 맡기로 하여 집안 심부름꾼까지 전부 농사꾼 옷을 입고 그 속에 끼일 것. 각 대장은 각 대에서 그 중 나은 사람(주로 학생, 극장인) 몇 사람씩 골라서, 50명을 다시 다섯으로 나누어 5분대로 만들 것. 현장에 큰 노대를 만들어, 지휘하는 그 대 위에서 기旗와 메가폰으로 할 것. 춤을 추어야 할 장면이 있는데, 서로 부끄러워하면 춤추기가 어려울 터이니, 취하게 하기 위하여서 시내에서 막걸리를 많이 준비시키고, 큰 솥으로 국 세 솥을 끓일 것.

이렇게 해가지고 일을 시작했으나, 원체 수가 많고 훈련이 안된 사람들이라 뜻대로 될 리가 없다. 춤을 추어 달라고 먹인 술에 너무 지나치게 취해서 코를 골고 자는 사람, 평생 먹었던 불평이 한잔 먹은 김에 폭발되어서 저희끼리 여기저기서 싸움이 시작되고, 그것을 말리던 각 대장들이 옷을 찢긴다. 매를 맞는 사람, 끓여놓은 술국으로 배를 불리느라고 국솥 옆에 붙어서서 떨어지지 않는 사람. 화가 난 이명우 군이 국솥에다 모래를 퍼 넣고 말았다.

노대 위에서 목이 터지게 소리를 지르나, 취중 세상에 영화감독쯤의 존재는 문제도 아니다. 해는 벌써 기울고, 일은 절반도 진행 못되고, 목은 꼭 쉬어서 소리도 못 지를 지경이고, 자동차로 돈 1천 원을 1원 지폐로 바꾸어 들고 나온 전주는 옆에서 발을 동동 구른다. 화가 나서 몇 사람 때려도 보고 하는 중에 극장에서 나간 몇 사람이 중간에서 춤을 추기 시작하니, 제 흥에 겨워서 춤추는 사람이 하나 둘 늘어나 점점 장면이 어우러져 들어간다. 이렇게 하루 일을 겨우 끝내고 돌아오는 자동차에서 그대로 쓰러져 버렸다.

조선서 영화를 제작하는 사람이 누구나 이만한 고생이야 아니했으랴. 열 갑절, 만 갑절 되는 마음의 고통은 하소연할 곳조차 없다. 이렇게 처음 된 〈아리랑〉은 의외로 환영을 받았다. 졸음 오는 사진이 아니었고, 우스운 작품이었다. 느리고 어름

어름하는 사진이 아니었고, 템포가 빠르고 스피드가 있었다. 외국 영화를 흉내 낸 이 작품이 그 당시 조선 관객에게 맞았던 것이다. 물론 그 외의 원인도 있었다. 다만 이상에 말한 원인이 절대로 크다. 시대는 변하였고 관객도 달라졌다.

조선 영화는 다시 제2의 난관을 맞이하였다. 일부 관객층이 변하였으면서도 여전히 변해 오는 작품에 취미를 가지지 못하는 관객의 존재가 또한 엄연히 있음을 어찌하랴. 이 두 관객층 사이에 끼어서 우리는 어떻게 해나가야 될까. 이 사실을 모르는 우리가 아니건만, 영화가 상품이 아니면 안되는 이상, 이 제2의 난관보다, 제1의 난관보다 어려운 관문인 줄 안다.

영화가 문화사업의 하나라면 민중을 끌고 나가야 된다. 그러니 백 리 밖에서 아무리 기를 흔들어야 그 기가 민중의 눈에 보일 리가 없다. 언제나 우리는 민중보다 한 걸음 앞서서 기를 흔들어야 되리라고 생각한다. 말이 곁길로 들어간 것을 용서하시기를.

「아리랑」과 사회와 나

　제가 여러 해를 일본 기타 해외로 돌아다니다가 귀국하여
서 처음 내놓은 작품이 〈아리랑〉이었습니다. 〈아리랑〉에 대하
여는 벌써 신문지나 잡지에 여러 번 비평이 났으므로, 제가 이
제 새삼스럽게 그에 대한 말을 하려고 하지 않습니다.

　다만 4년 전에 처음 서울 단성사에서 개봉이 된 후 오늘까
지 평양, 대구, 부산 등 중요 각 도시에서 16회나 상연이 되었다

하는 터인즉, 나로서는 도리어 팬 여러분의 지지가 이렇듯 두터운 데에 송구한 마음을 금할 길이 없을 뿐이외다.

지금에 이르러 생각나는 것은 그 〈아리랑〉을 촬영할 때에 나 자신은 전신이 열에 끓어오르던 것을 기억합니다. 이 작품이 세상에 나아가 돈이 되거나 말거나, 세상 사람이 좋다거나 말거나 그러한 불순한 생각은 터럭 끝만치라도 없이, 오직 내

상연 시작 종소리가 울리고 전등이 꺼지며 「아리랑」이라는 커다란 자막이 나올 때 관중은 일제히 갈채를 한다. 이것은 서양 영화의 대작이 나올 때 갈채하는 것과는 얼마쯤 다른 맛이 있다. 예술에 국경이 없다 할지라도 우리 동포의 손으로 되고 우리 환경에 가까운 영화인만큼, 그만큼 환희가 큰 것이다. 그보다도 밤낮 꼬불꼬불한 영문자만 비추던 막 위에 나타난 언문 글자가 몹시 그립던 것이다.

이와 같은 귀여운 마음으로 항상 조선 영화를 대하고, 이제 또 「아리랑」을 보니 보고 남은 느낌이 없지 아니하여…

포영홍포 《매일신문》 1926.10.10

정신과 역량을 다하여서 내 자신이 자랑거리될 만한 작품을 만들자는 순정이 가득하였을 뿐이외다.

그래서 이 한 편에는 자랑할 만한 우리의 조선 정서를 가득 담아놓는 동시에 '동무들아 결코 결코 실망하지 말자' 하는 것을 암시로라도 표현하려 애썼고, 또 한 가지는 우리의 고유한 기상은 남성적이었다, 민족성이라 할까 그 집단의 정신은 의협하였고 용맹하였던 것이니, 나는 그 패기를 영화 위에 살리려 하였던 것이외다. '아리랑고개' 그는 우리의 희망의 고개라, 넘자 넘자, 그 고개 어서 넘자 하는 일관한 정신을 거기 담자 한 것이나, 얼마나 표현되었는지 저는 부끄러울 뿐이외다.

자신이라면 어폐 있는 말씀이나 좌우간 몇 편의 내 사진 중 다소 낫다고 생각하는 것은, 앞에서 말한 〈아리랑〉과 또 〈잘 있거라〉 〈저 강을 건너서〉 등이외다. 〈잘 있거라〉는 시나리오를 전부 개작하기 2차요, 검열에 잘린 곳이 여러 곳이었고, 또 〈저 강을 건너서〉도 역시 수차의 개작에도 불구하고 여러 개소가 잘려, 말하고 싶던 말과 동작을 많이 못하고 만 것이 유감이었습니다. 딴말이나 이 기회에 하고 싶은 말은 이와 같은 여러 가지 까닭으로 자기 작품이 제 마음대로 되지 못할 때, 처음 시작할 때의 그 용기는 다 어디 갔는지 오직 제작이 끝난 뒤는 그

시사試寫조차 보고 싶은 용기가 없어지더이다.

제가 영화계에 나올 때 생각한 바는, 종래 우리 영화의 느리던 템포를 빨리할 것과 배우들의 동작에 스피드를 훨씬 내어, 종래에 15권 만들던 것이면 7,8권으로 줄이려 하였던 점이외다.

제가 좋아하는 서양 배우로는 〈우처愚妻〉에 나왔던 스트로하임Erich von Stroheim이란 독일인이었습니다. 그밖에 에밀 야닝스Emil Jannings 같은 사람도 좋아합니다.

어쨌든 저는 경우가 경우이었던 만치 공부를 넉넉히 못하였던 것이 유감이외다. 그러기에 저는 공부하고 싶은 생각에 늘 가슴이 타오릅니다. 올 가을에 혼신의 힘을 다하여 한 편의 영화를 제작하여 놓고, 몇 해 작정으로 해외에 공부하러 가겠습니다. 그리고 장래라도 배우로 나서기는 아주 피하고 영화의 제작 방면에 전심력을 다하여 볼까 합니다.

3

한평생 영화에 몸을 던져

조선 영화인의 투지와 경제

조선 영화로 제1회 작품 〈춘향전〉이 나온 지가 벌써 12년 전이다. 이것을 조선영화사의 제1페이지로 친다면, 조선 영화는 벌써 열두 살 먹은 소년이 된 셈이다. 열두 살이면 보통학교 5학년생이다.

젖 먹을 시절은 벌써 지냈건만 우리(조선 영화계)는 아직까지 어린애 대접을 받는다. 어린애도 불구아로 세상에서는 대해 준다. 왈, 빈약한 조선 영화계, 왈, 희망 없는 사업. 이것이 우리들이 듣는 별명이요, 세상이 우리들에게 주는 평가다. 이렇게까지 된 근본 원인을 세상에서는 거의 우리들 당사자들에게 돌리는 것 같다. 물론 그 책임의 일부를 우리 영화 제작자가 지지 아니하려 하는 것은 아니지만, 책임의 전부가 우리에게 있지는 않다. 이렇게까지 된 제일 중대한 원인은 상품시장이 극히 작았기 때문이다.

조선 내에 영화 상설관이 16곳이요, 3류, 4류 극장까지 치면 총수가 68곳. 여기를 영화 1편이 다 돌아오는 시일이 12개월. 보통 작품으로 총수입이 3천 원, 특작품으로 5,6천 원. 이것이 무성시대에 우리들이 제작한 물건이 가지고 있던 시장이다.

이 작은 시장에서 출자주는 수입이 2,3배 되는 이익을 얻으려는 소흥행사가 아니면, 흥행이 무엇인지 모르는, 돈 있고 일을 모르는 사람 아니면 장난꾼들이었다. 그러므로 2,3배의 이익을 목적하는 소흥행사들은 수입의 3분의 1 이상의 출자를 아니해 줬던 것이요, 장난꾼들은 수입을 무시한 배액倍額의 제작비로 2회를 계속하지 못하고 망해 버렸다. 이런 출자주를 상대로 하는 사업이 사업답게 될 리도 없고 보니, 외국시장으로 보낼 물건이 나왔을 리도 없다.

더구나 외국 영화로 나날이 고결해지는 관객을 상대로 하는 조선 영화에 필연적으로 닥쳐올 문제가 오고야 말았다. 조선 영화면 또 그렇겠지, 반사판 몇 장으로 태양광선을 빌려서 겨우 보일락 말락 한 화면을 보기에 싫증이 났다.

더구나 무성영화도 아직 수준까지 끌고 가려면 천리 길이나 남았는데, 외국 영화는 발전이 완전히 되었다. 이 커다란 문제 앞에서 조선 영화인들은 어쩔 줄을 몰랐다.

그러나 우리도 한 개의 조선 영화인으로서 이에 응전할 준비를 구비하게 되었으니, 다만 승패는 기예의 문제다. 외국물과 싸워서 이길 수 있는 물건을 만들면, 외국 시장도 우리의 시장이다.

앞으로의 조선 영화는 반사판 조각으로 만들던 장난감이 아니다. 영화로서 이 모든 형식을 구비한 물건만을 내놓을 것이다. 새 활기를 띤 1936년도의 조선 영화계는 커다란 수확이 있을 것이다. 절망적 무저항에서 재생을 얻은 조선 영화를 등에 지고 나갈 동무들의 건강을 빌면서 붓을 놓는다.

현실을 망각한
영화 평자들에게
답함

최근에 와서 조선 영화계를 논하는 사람이 퍽 많다. 조선서 제작되는 영화를 평해 주는 사람도 퍽 많다. 1년 동안 하루도 빼지 않고 신문지를 뒤져 보아도 영화에 대한 기사라고는 한 번도 없던 5,6년 전에 비하여, 이렇게까지 이 사업의 존재를 중요시하게 된 것만은 우리들의 일을 위하여 기뻐할 일이며, 문제로 삼아주는 분들에게 제작자인 우리들로서는 감사하다.

그러나 그 문제를 삼아주는 주제는 아름다우면서도, 평론은 거의 다 오론誤論 공론空論이다. 필자가 거의 다 제작자(지금 제작하려는 자나 혹은 직접 간접으로 어느 제작회사에 속한 자)인 이상, 조선 영화계의 장래를 위하여 그대로 묵과할 수는 없다. 이제 그들이 간판으로 사용하려는 프로 대중을 위한 영화의 본질을 알려주기 위하여는, 그들이 반동 영화라고 억지로 이름 붙이는 〈아리랑 후편〉과 〈철인도〉를 작자 자신이 해석하여, 대중이 공정한 판단을 내리도록 하려고 한다.

　　먼저 〈아리랑 후편〉부터 말해 보자. 이 작품이 과연 대중을 기만하는 반동 영화인가? 만일 그렇다면 나는 단연코 사회적 제제를 받아야 한다. 아니 사회와 대중이 그 벌을 내리기 전에 자살할 것이다. 내 자신이 광인이 아닌 이상 그런 반동 영화를 만들었을 리가 없다.

　　〈아리랑 후편〉은 단연코 군 등이 말하는 그런 영화는 아니다. 윤군(윤기정 – 편집자 주)이 문제로 삼는 노래 첫 절, "발 빠진 장님아, 욕하지 마라. 제 눈이 어두워 못 본 것을 개천은 나무라 무엇 하리" 이것을 현실에 만족하라는 것으로 해석했다. 이 노래를 그렇게 해석하는 평자가 4권 초에 박 선생이 입으로 영진이에게 한 말 중 노래 3절을 일일이 해석해 놓은 것은 못 보았는지, 거기에 대하여는 한 마디도 하지 아니하였다.

노래를 말하는 사람이 그렇게도 분명히 해석해 놓은 자막을 못 읽었다는 것은 믿어지지 않는다. 영진이가 낫을 들고 동리 사람들에게 달려들 때에 박 선생이 붙잡고 영진이에게 말하는 자막 중 제3자막이 분명하게 이 노래를 해석했다. "남을 원망하는 사람은 제 잘못과 책임을 잊어버리기 쉬운 사람이다. 마치 발 빠진 장님이 개천을 나무라는 것같이." 이렇게 분명히 해석했다.

책임을 남에게 돌리고 원망만 말아라. 뉘 탓이냐. 다 네 탓이다. 그러니 네가 할 일이요, 네가 할 책임이다. 발 빠진 장님이 개천을 나무라는 것 같은 어리석은 짓은 말고, 네 일은 네가 하라. 이렇게 분명히 해석해 놓은 것을 보고도 현실에 만족하라는 말로밖에 해석하지 못하는 머리, 아니 마음을 의심하지 않을 수 없다.

〈아리랑 후편〉을 본 사람이 이 자막 세 개를 그대로 넘겼을 사람은 없었을 것이요, 사진 전체로 보아도 제일 중요한 장면이다. 왜 그러냐 하면 라스트 신 가까이 부르짖는 '마음이 변했다'가 이 작품이 말하려는 제일 중요한 목적이다. 그렇기 때문에 영진이가 출옥하여 돌아와 본 사회가 감옥에 가기 전에 비하여 얼마나 변했다는 것이, 이 작품을 보는 사람에게 제일 주의해야 될 일이 아닌가.

천 부자가 오른손같이 중히 여기던 오기호를 죽인 영진이를 동리 사람들은 울며 작별했다. 그때에 그 사람들 마음에는 자기들이 할 일을 대신한 사람이다, 자기들을 위하여 희생이 되는 사람이다, 이런 생각은 누구에게나 있었을 것이다. 그러므로 이 희생자를 감옥으로 보내며 울었다. 그렇게 마음속 깊이 믿던 동지들이 영진이가 출옥한 다음에 그를 반갑게 대할 자유까지 빼앗겨 버렸다. 속으로 피가 끓으면서도 밧줄을 쥐고 영진이를 기다린다.

왜 그렇게 되느냐가 문제요, 이것을 말하여 '변했다'는 것이다. 사회가 변했고, 사람들의 마음이 변했다. 동지들이 전편에는 다소간이라도 힘이 있었다. 희망이 보였다. 그러나 후편에는 아주 낙심하고, 그야말로 현실에 인종하는 사람들이 되고 말았다. 이것이 영진이가 최후까지 부르짖는 '마음이 변했다'라는 것이다.

'마음이 변했다'고 버리지 마라. 미우나 고우나 네 형제니 힘을 주어라. 그 책임이 네게 있다. 이렇게 분명하게 해석해 놓은 작품을 억지로 반동 영화를 만들어 놓으려니, 10세 아동들이 보고도 웃을 어리석은 논리를 늘어놓는 수밖에 없다. 가슴에 손을 대고 생각해 보아도 양심의 고동이 없거든, 칼로 찔러서라도 옳은 피를 끌어 내놓고 평을 써라. 관중이 소리치며 박

수하던 작품에서 제일 중요한 자막을 못 보았다면 작품을 평할 자격이 없다. 이렇게 분명한 사실을 부정하고 현실에 만족 운운은 논자의 마음을 의심 아니할 수 없다.

에필로그에 있어서도 무대에 출연한 사람이 기생으로밖에 아니 보이는 무식하고 비뚤어진 눈을 가지고 극을 논한다면, 벌써 논자로서의 자격을 잃어버린 논평이다. 이런 논평은 해를 준다기보다 차라리 죄악이라고 보는 것이 마땅하다. 출연하는 사람이 기생이든, 창기든지는 문제가 아니다. 배우의 이력 조사를 해가지고 작품을 평하려고 하는 것과 동일하게 어리석은 일이다.

윤군이 말한 것과 같이 고개는 희망이다. 독백에 "저 너머는 행복이 있다"고 말했다. 그러나 고개가 넘기 어렵다고 낙심치 말아라. 넘으면 꼭 된다고 말했다. 그리고 넘어가면 행복이 분명히 있다고 말했다. 그 행복이라는 것을 표현할 방법을 춤과 노래로 한 것이다. 그러니 춤과 노래를 완전히 효과 있게 할 배우는, 다시 말하면 그것을 완전히 표현할 수 있을 만한 기능이 있는 사람은 기생 외에는 구하기가 어렵다. 그러니 이것을 제일 잘 표현해서 극 전체를 살릴 사람을 구한 것이다.

그 사람의 신분이 기생이라고 하자. 그러나 막이 열리고 무대에 나온 이상 한 사람의 배우다. 그런데 군은 연극이 말하려는 것을 보기도 전에 출연 인물의 신분부터 말했으니, 인구 조사를 다니는 순사가 아닌 이상 극평劇評에 신분 조사는 무식을 폭로하는 것이다.

춤을 춘 것이 나운규라는 배우가 극 중 한 인물의 역을 맡아가지고 나왔으니, 그때에는 최영진이다. 춤이란 희망과 행복을 말하는 한 표현 방식이다. 나운규가 기생과 같이 춤췄다고 비웃으니, 그 장소가 요릿집이더냐. 무대와 요릿집을 분별하지도 못할 군은 아닌 줄 안다. 이런 글은 군 자신의 명예를 위해서라도 그만두는 것이 좋겠다.

투쟁이 없는 곳에 무슨 희망이 있겠느냐고? 그렇다. 투쟁이 없으면 희망이 없는 것은 물론이요, 멸망할 수밖에 없다. 그러한 줄을 잘 안다. 그런데 군 등의 투쟁이라는 것은 직접 행동을 말하는 것이다. 대체로 군 등은 투쟁이니, 계급이니, 뭐니 떠들면서 그 투쟁의 상대와 계급의 대립체를 아는 듯하면서도, 또 분명히 안다고 자신하면서도, 모르는 것 같은 행동을 하고 있다.

이 땅은 조선이다. 우리는 조선 사람이다. 러시아도 아니요, ××도 아니다. 팔자를 행복하게 타고 난 백인들도 아니요, ××가 형체나마 있는 ××민족도 아니다. 우리는 조선 사람이다. 처지가 다른 동시에 모든 상대가 다르다. 수많은 소작인의 지주가 누구며, 공장 주인들은 누구냐. 일본 잡지들 직역이나 해서 늘어놓고, 남들이 이렇게 한다 하니 우리도 이렇게 해야 될 줄로만 알았지, 제 처지와 제 사정은 문제 밖으로 안다.

먼저 투쟁의 필요를 느끼기 전에 투쟁의 상대를 알아라. 이 말을 더 길게 아니하고 그치겠다. 자본주의 대회사가 프로 예술운동을 방해한다는 것은 일본에서나 적당한 말이지, 조선에는 대회사는 고사하고 영화란 아직 인형도 못된다. 형체도 못 이루었다. 영화로 다소간이라도 이익을 얻었다는 사람은 초기에 몇 사람밖에 없다. 프롤레타리아 이데올로기는 없었을망정, 의식적으로 부르주아의 노예가 된 영화인은 하나도 없다. 다소간이라도 부르주아지의 작품이 있었다면, 그것은 인식 부족이다. 왜 그러냐 하면 우리들은 매일 이 현실에 생활고를 느끼는 프롤레타리아의 한 사람이기 때문이다.

영화가 완전한 작품도 못되는 형편에 영리는 무엇이며, 오락은 무엇이냐. 여기에서 군 등이 말하는 바 계급적 입장에서 만들라는 영화가 무엇인지 잘 안다. 그러나 그것을 직접, 다시 말하면 폭로와 투쟁으로 직접 행동을 묘사한 작품이 이 땅에서 발표될 줄 아느냐. 그렇게 믿는 군이야말로 현실을 망각한 공론배들이다.

이제 모든 것의 해결은 군 등이 발표할 작품이 말해 주려니와, 군 등이 아직까지 영화 평자로 있는 동안에, 이미 발표된 남의 작품을 이렇게도 억지로 깨뜨려 해석하고, 외국 잡지에까지 자기들의 작품만이 제일 민중을 위하여 제작된 것이라고 스스로 자랑하는 것은, 자가 선전을 한다는 이익 외에는 아무 효과도 없을 것이다. 영화의 최후 심판관은 관중이다. 내가 내 작품을 해석하는 어리석은 일을 하지 않아도, 공정하게 보는 관중이 군 등의 평문을 코웃음으로 대할 것이다.

억지로 대중에게 무리한 호소를 한다고 대중이 군들의 억양抑揚에 맹종할 리 없는 줄 잘 알면서, 당장에 판단이 날 일을 악을 쓰고 떠드느냐 말이다. 모든 문제는 시일이 증명해 줄 것이다. 내가 하는 일(또 하려는 일)이 반동 영화인지 군 등이 이제 발표할 영화가 대중이 요구하는 영화인지는 시일이 증명할 것이다. 그때 대중이 완전한 판단을 내려줄 것이다. 현실을 망각한 군 등의 공론이 현실이 되는가, 현실에 부대끼면서라도 최선의 방법을 취하는 우리들의 사업이 반동적 행위인가는 증명할 날이 올 것이다.

군 등은 이렇게 말하여 내려온다. 지금까지 조선 영화(주로 필자의 작품)는 다 비현실적이라고. 그러나 그렇게 말하는 군 등은 너무도 현실을 모른다. 왜 군들이 말하는 그 비현실적이라는 작품이 나오게 되느냐는 이유를 일일이 증명해 주마.

조선서 한 작품이 발표되기까지는 적어도 수십 차의 개작을 당한다. 검열관에게 당하는 것을 말하는 것이 아니라, 자기 작품을 자기 손으로 커트를 해버려려 되고, 개작해야 된다. 예를 들면 갑의 을에 대한 복수를 방화로 표현하는 것이 제일 적당한 방법이라고 정했다가도, 출자주의 편의 형편상 비용이 많이 드니 방화 장면은 어렵다는 이유로 개작하여 그 방법을 쟁투로 만들어 버리고, 칼로 찔러 죽이기로 하자.

이렇게 개작된 각본이 감독의 손에서 촬영될 때에, 사건은 꼭 밤에 있어야 될 사건인데 살인한 장소가 종로나 본정통이라면, 종로나 본정통의 밤은 조선 영화계에서는 비슷하게도 내기 어렵다. 그러니 부득이 낮으로 고치는 수밖에 없이 된다. 이렇게 해서 고치면 결국 '백주에 종로4가에서 살인했다', 그리고 갑이라는 인물이 현장에서 잡혀서는 아니될 극이면, 종로에서 살인한 사람이 무사히 몸을 감췄다는 물건이 된다.

그러나 이 영화의 원작은 그런 것이 아니다. '그날 밤 3경에 종로에 있는 ××상점은 다 타버렸다. 원인은 밝혀지기도 전에 방화범 ××는 벌써 국경 밖에 있는 사람이 된다.' 이런 이야기가 수십 차나 고쳐서 발표된 것을 평자들은 비현실적이라고 떠든다. 백주에 종로4가에서 살인한 사람이 무사히 몸을 감췄다는 사실은 조선서는 없을 것이다. 그러나 조선 영화계에는 활동사진 박는 기계는 단 두 대밖에 없소이다. 한 대는 조선키네마에서 가지고 있고, 또 한 대는 단성사에서 가지고 있으니, 조선키네마 기계는 빌려 쓰기가 까다롭다고 하여, 너나없이 단성사 기계에다 목을 매고 지낸다.

단성사에선들 그냥 빌릴 리는 없고, 이곳저곳서 앞을 다투니 기계에서는 불이 날 지경이요, 기계의 세월은 황금 옥좌에 오른다. 단성사에서 기계를 빌리는 데는 반드시 부대조건이 있으니, 그것은 그 사진의 개봉을 단성사에서 할 일이다. 그러하므로 조선키네마 사진 이외에는 말라 들어가는 물에 송사리 무리 몰리듯, 단성사로 단성사로 몰려서 개봉이 되고 마는 것이다.

기계 한 대에 1천 원 이상 2천 원이면 산다. 그것 하나를 제법 사지 못하고 구걸을 다니며 프로덕션은 다 무엇이냐고 성을 낸들 소용이 없다. 그것은 조선의 현상이 그렇게밖에 못 되게 만들지 않았는가. 돈을 많이 들이나 적게 들이나 수입은 빤하니까, 돈을 많이 들이지 않고 그럭저럭 박아내려니 기계를 살 용기도 나지 않고, 사실상 살 만한 돈을 가진 곳도 별로 없는 것이다.

《매일신보》 1927.10.23

현실을 망각한 영화 평자들에게 답함

있을 수밖에는 없다. 이것은 극히 작은 예에 지나지 못하는 것이다.

배우 한 사람에게 출연료를 못 주었기 때문에 중도에 퇴사해 버려서, 한 역을 두 사람이 맡아서 출연하므로 비극이 희극이 되고, 12권이 9권이 되었다는 예는 얼마든지 있다. 여배우 때문에 딸이 아들이 되고, 어머니 대신 아버지를 시키는 것쯤은 문젯거리도 못되는 형편이다. 피눈물을 흘려야 될 장면을 웃음거리로 넘겨버린다. 동쪽이라고 해야 될 말을 서쪽 반대편이라고 해야 된다. 꼭 울어야 될 곳에 웃는다. 이것을 가지고 평을 쓴다는 사람은 이렇게 말한다.

"우울과 비통과 반항으로 일관해야 될 역을 웃음으로 해버리는 것은 죄악이다. 상식이 없다. 현실을 모른다. 아메리카 영화 흉내를 함부로 내려는 부르주아의 노예다."

이렇게 평한다. 그러나 이것이 현실이다. 이렇게 하지 않고는 이만한 작품이나마 발표되지 못한다. 난센스로 작품을 발표하는 한 가지 방법으로는 필요하다. 울려서는 못 나올 작품이 웃겨서는 나온다. 그러니 이런 현실을 망각한 평은 공론에 불과하다는 말이다. 표현 방법이 난센스적이면 덮어놓고 계급 운동인 줄 알고, 내용이야 어떻게 되었든지 목사만 나오면 종교적 감화를 시켰다고 하며, 노동자와 싸우면 덮어놓고 반계급적 행동인 줄 아는 것도 너무나 한심한 일이다.

그것은 10년 전에 소학생들이나 가르쳐줄, 시대에 뒤떨어진 이야기다. 광부들과 싸운 것이 노동자의 집단의 힘을 무시한 것이라고 해석할 수밖에 없거든, 영화평은 아니하는 편이 낫다. 분명히 가르쳐주마.

집단 된 광부의 힘이 아니라 원 십장什長이라고 가정한 ××의 일을 말한 것이다. 왜 ××면 ××라고 분명히 내놓지 않았느냐는 것이 군들의 요구일 것이다. 그러나 모든 것을, 형편이 다른 이 땅에서, 군들의 이론과 우리들의 실행은 병행할 수 없다. 〈무엇이 그녀를 그렇게 만들었나〉가 상연된 줄만 알지, 도회의 교향악이 걸레보다 더럽게 가위질당하고 개작한 줄은 모르는가. 더군다나 처지가 다른 이 땅에서 검열의 수준을 일본과 동일시하는 것은 너무도 현실을 모르는 공상이다.

일본서 상연된 작품 중에는 우리는 맛도 못 본 작품이 얼마든지 있지 아니한가. 다소간 끊겠지만, 일본서는 상연된 〈볼가의 뱃노래〉 〈아메리카〉 〈멸망해 가는 민족〉, 그 외에도 퍽 많다. 일본서 당당히 상연했던 고리키Maxim Gorky의 〈어머니〉(무대극으로)나 〈전선〉 같은 것을 상연하겠다고 각본을 디밀어 보아라. 결과가 어떻게 되나. 처지가 다르니만큼 술법이 달라야 한다.

영화 사업의 필요를 느끼는 것은 군 등이나 우리나 똑같이 느낀다. 그러나 군 등과 같이 너무도 현실을 떠난 이상만으로는 조선의 영화 사업은 존재할 수 없을 것이다. 검열뿐이 아니라, 자본에 있어서도 그렇다. 영화 사업이 대자본을 요구하는 이상 출자자가 있어야 된다. 그 출자할 만한 사람은 우리들 중에는 없다. 그러면 제일 좋은 방법으로는 대중이 우리들에게 그 자본을 모아주어야겠는데, 그것은 공상에 불과하다. 그러니 할 수 없어 출자하는 사람이 우리들 외에 있어야 한다.

그러면 출자주는 왜 출자를 하느냐. 물론 이익을 얻으려고 한다. 그러나 이익은 없더라도 손해는 없어야 다시 또 출자하지 않겠느냐. 출자하는 대로 모조리 다 없애버리면, 영화 사업에 출자할 부르주아는 한 사람도 없을 것이다. 그렇게 된다면 절대로 대자본을 요하는 이 사업을 어떻게 해나가겠느냐. 그러니 이익은 없더라도 손해는 없도록 해야 된다. 자금이 없는 우리로서는 할 수 없는 현상이다. 영화 사업이 필요한 이상 우리는 이런 방법이 아니고는, 이 사업을 계속해 나가지 못한다. 그러니 자본주를 위한 상품이 아니라, 사업의 생명을 이어가기 위한 상품 영화다.

자기가 제작한 영화를 대중에게 무료로 공개한다면, 제작자로서는 이보다 더 기쁜 일이 없을 것이다. 그러나 그것은 지금 이 땅에서는 절대로 불가능한 일이다. 그러니 상품 아닌 영화는 제작될 수가 없고, 상품이 못되면 당분간은 근절이 될 것이다. 그러니 본의도 아닌 활극 장면 같은 것을 넣는 것은, 이 영화가 상품으로 원금을 돌려주도록 만드는 것이요, 그래야 사업은 사업대로 언제든지 남아 있다. 안심하라. 영화로 폭리를 취하는 출자주도 조선에는 아직까지도 없고, 또 그들에게 착취를 당하는 종업원도 없다.

다만 어떻게 하면 형식으로나마 남의 것 같은 것을 만들수 있을까. 그래야 우리들의 영화도 이 땅에서만 원금을 빼려고 애쓰는 영화가 아니요, 곤경 밖으로 튀어나갈 수 있을 것이다. 그러니 먼저 형식으로나마 영화를 만들어 놓고야 그것이 완전한 무기가 될 것이다.

지금까지 우리들이 만들고 있는 영화는 영화가 아니요, 영화 비슷한 장난감이다. 우리는 이 장난감을 영화란 수준으로 끌어가야 된다. 그때에야 조선 영화도 없지 못할 큰 존재일 것이다. 이것을 실현하기까지는 여러 가지 문제가 있다. 그러나 여기에서는 논할 때가 아니니, 후일로 미루어 두거니와 군 등은 이 형식이라는 것을 너무도 무시한다.

지금 발표되는 것을 가지고도 형식으로는 만족한다? 너무도 모르는 말이 아니냐. 아직도 조선 영화가 장난을 면하지 못하는 이상, 조선 영화는 언제까지든지 소위 조선 영화가 되고 만다. 우리는 우리들의 사업을 여기 그치기는 싫다. 또 여기에 그친다면 우리들의 사업은 아무 의미가 없다. 아무 희망도 없다. 물론 생명은 극히 짧다.

그들은 이만하면 어떠한 무기로라도 사용할 수 있다고 말한다(주로 촬영을). 그러나 그들에게 조금이라도 더 좋은 카메라를 맡겨 봐라. 이 땅에서만의 무기가 아니요, 어느 곳에서든지 완전한 무기가 될 만한 것을 만들 수 있지 아니하겠는가.

그러므로 군 등이 아직도 직접 제작해 보기 전에 붓으로만 쓰는 말은 거의 다 공론이다. 군 등이 이제부터 제작을 해보아라. 형식으로 이 현상에 만족하게 되는가. 의식적으로 군 등이 만족할 만한 영화를 제작해 놓았다고 하자(그것은 어려운 일이지만). 그 작품이 흐려서 보이지 않고 상하좌우로 제멋대로 흔들리는 작품이 되었으면, 다시 말해 형식으로 불구의 것이면, 외국으로 보내고 싶겠는가.

그러니 이 형식이란 문제는 지금 우리들에게는 제일 큰 문제다. 우리들은 할 일이 많다. 우리들의 몸뚱이를 열로 쪼개도 모자랄 만큼 일이 많다. 그러므로 이런 설명을 하고 앉았기에는 너무도 시간이 아깝다. 왜 이런 무의미한 일에 시간을 보내게 되느냐. 4,5년이나 침묵을 지키던 내가 왜 붓을 잡게 되었는

가. 그것은 군 등을 최근에 와서 평자로만 볼 수 없게 된 것과 또 평자로서도 너무나 양심을 잃어버렸기 때문이다.

적대시한 것도 군 등이요, 도전을 한 것도 군 등이다. 사갈시하는 것도 군 등이요, 계급적 입장에서 나온 양심이 있는 평을 못하고, 욕을 시작한 것도 군 등이다. 평을 하려는 평이 아니요, 욕을 하려는 평을 시작한 것도 군 등이다. 주의와 목적이 다르지 아니한 이상, 우리들이 갈 길이나 군 등이 갈 길은 똑같다. 작품을 보는 해석법이 다르면 정당하게 평을 해라. 왜 욕을 무기로 삼느냐 말이다.

작품을 평한다는 것은 작품의 결점만 끌어내려고 애쓰는 것이 아니라는 것은 군 등이 모를 리가 없다. 이후에라도 군 등의 논법이 양심이 없는 욕이 된다면, 이 무익한 시간을 허비할 수밖에 없이 될 것이니, 역시 한심한 일이 아니겠느냐. 적어도 작품을 평하려거든 작품을 볼 만한 눈은 있어야 한다. 그리고 다음에 모든 사적인 감정을 떠난 양심 있는 붓을 들어야 한다.

파쟁을 말한 것을 부락전部落戰이라고 하고, 역사 강좌가 아닌데 극평에 연대를 가지고 평하는 것 같은, 상식이 없고 양심이 없는 평가들을 상대로 거듭 말할 성의는 없다. 각본의 책임이 어디까지인지, 감독의 책임이 어디서부터인지 구별도 할 수 없으면서, 영화평을 쓰겠다는 것은 너무도 대담한 일이다. 그러니 무지한 두뇌에서 내놓을 것은 없고, 욕밖에 더하겠느냐.

특히 서군(서광제 – 편집자 주)에게 이 말을 해둔다. 우리는 군의 평문 전체에서 아무 것도 취하지 못했다. 전부가 제로다. 우리들을 보고 군 등을 사갈시한다고 말하고, 군들보다 먼저 일하고 있는 우리들을 쓸데없이 적대시하지 마라. 군 등의 적은 우리가 아니다. 군 등의 제작 사업을 방해할 사람은 우리가 아니다. 대회사의 자본력도 없고, 영리를 위한 자기 선전 잡지도 없다. 군 등의 적은 따로 있다. 군 등이 제작한 작품도 대중의 앞에 나올 것이요, 우리들의 것도 나오는 이상, 작품으로 대중에게 호소하여라. 그것이 군 등이 취할 최선의 방법이다.

자금도 없어 남의 돈으로 이 사업을 해보겠다는 것은 군 등이나 우리나 똑같은 사정이다. 남을 욕하는 것이 자가의 선전이 될는지는 모르나, 그것은 과학적 계급적 입장에서 정당한 것을 밟아 나가려는 군 등이 취할 선전 방법이 아니다. 그런 선전 방법은 야비한 상업가들 사이에나 사용되는 것이다. 도전이 아니요, 충고다. 평을 하려거든 공정한 입장에서 하든지, 그렇지 않고 제작을 하려거든 말없이 작품을 대중 앞에 내놓아라. 대중은 영화의 최후 심판관이 아니냐.

지금까지 제작된 우리들의 작품이 결코 완전하다는 말은 아니다. 전에도 말하였거니와 불구의 작품이다. 이 불구를 완전한 물건을 만들려는 것이 우리들의 일이요, 보다 더 대중의 요구에 만족한 작품을 발표하려는 것이 우리들이 한 시간도 게을리 아니하는 노력이다. 왜 적대시하느냐 말이다.

내 정신이 이상이 생기지 아니한 이상, 반동 영화를 제작한다는 것은 내 정신과 내 피가 용서하지 아니한다. 그러니 목적이 같으면서 싸운다는 것은 어리석은 일이다. 다만 실행 행법行法이 다르다면 다를는지는 모른다. 이후로도 군 등의 평이 공정한 평이요, 의견에 다소간 차이가 나는 정도의 것이면 문제로 삼지 않으려니와, 그렇지 아니하고 또 억설만 늘어놓는다면 자기선전을 위한 욕으로밖에는 아니 취급할 것이다.

현실을 망각한 공론으로 동업자들을 대중 앞에서 욕하고, 말끝마다 자가 선전을 하는 것은 얼마나 큰 죄악인 줄 알아야 한다. 프롤레타리아를 간판으로 팔고 자가의 이익을 위하여 대중을 기만하려면, 그 생명이 얼마나 길 것인가를 잊어서는 아니된다. 우리들에게는 실행이 있을 뿐이요, 군 등에게는 공론이 있을 뿐이다.

모든 것은 군들이 제작하여 발표하는 때에야, 대중 앞에 판명이 될 것이다. 먼저 사감을 없이 하여라. 그때에야 군들에게서 정당한 평을 찾겠고, 군들의 작품이 완전한 물건이 될 것이다. 그리고 이런 공론을 늘어놓을 시간이 있거든, 착수한 제작 사업에나 충실하여라.

끝으로 군들의 작품 성공을 빌며, 붓을 던진다.

– 1930년 5월 12일 아침.

❖

❖〈아리랑 후편〉은 1930년 2월, 〈철인도〉는 1930년 4월에 개봉되었다.
〈아리랑 후편〉 개봉후 치열한 논쟁이 전개되었는데, 나운규의 이 글은
특히 윤기정과 서광제의 평문에 대한 반론의 성격으로 쓰여졌다.

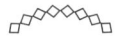

「철인도」평을 읽고
―
제작자로서 일언

　나는 영화를 제작하는 사람이다. 그러므로 내게 제일 필요하고 중대한 책임은 무엇보다도 좋은 작품을 발표하는 것이다.

　그러므로 4,5년간 무엇이라고 하든지 한마디의 대답도 아니하였다. 다만 누구의 비평이든지 심지어 욕까지라도 듣고 있었을 뿐이요, 한마디의 반항도 하지 않았다. 그 이유는 누구의 평문이라도, 읽고 그 평문과 작품을 대조하고, 거기에 작자인

자신의 의견을 덧붙여 결론을 내어버리면, 다른 아무 필요도 없기 때문이다.

그러나 평이라고 모두가 정당한 것이 아니고, 평자의 의견과 작자의 의견이 서로 다른 것도 있을 것이며, 평자의 사회관과 작자의 사회관이 서로 어긋나는 것도 있을 것이다. 옳고 그름은 막론하고 주견主見이 다른데, 적어도 대중 앞에 발표해 놓은 평문이 작자로서 부인할 수 없을 만한 '오류'라면, 영화 제작을 장난거리로 하지 아니하는 한, 그 작품을 대중이 완전한 이해와 정당한 견지에서 볼 수 있도록 논해해야 할 줄 안다.

그리하여 처음으로, 서광제 군어 〈철인도〉를 비판함에 대하여, 작자로서 시인하기 어려운 몇 가지를 말하여, 관객인 대중으로 하여금 정확한 판단을 내리도록 하려는 것이다.

먼저 말하려는 것은 〈철인도〉는 불구의 작품이다. 이 말은 누구 앞에서든지 부끄러워하면서도 꼭 말해 왔다. 자기변명 같지만 모든 원인이 그렇게 만들었다. 그러나 불구는 불구라 할지라도 서군이 말한 그러한 의미에서의 불구는 아니다. 각색, 감독에 있어서, 더욱이 내 자신의 연기에 있어서 불구의 작품이다. 다시 말하면 한 개의 영화극으로 보아서는 누구 앞에서든 내어놓기 싫은 불구의 작품이다. 그러나 현실을 망각하였다든지, 발전하여 가는 사회에 있어서 과정을 부인하는 작품이라는, 그런 의미의 불구가 아니란 것이다.

서군의 평문은 전체가 원작을 논한 것인데(조선에서의 영화평이 다 그렇지만), 이런 말이 있다.

"작자는 룸펜 프롤레타리아트의 생활을 표현하려고 한 것인지는 모르나, 거기에는 조금도 룸펜 프롤레타리아트의 생활을 보여주지 못하였다."

절대로 아니다. 룸펜 프롤레타리아트의 생활을 그려 보려던 것도 아니고, 주인공을 무슨 의식이 있는 사람으로 내놓으려던 것도 아니다. 작품에 나타난 주인공 개고기는 양 계급의 대항도 모르고, 불합리에 대한 ××란 것도 모른다. 다만 아는 것이라고는 자기 몸에 오는 이익과 해로움 그것뿐이다. 그러므로 자기자신이 얻으려는 행복과 승리에 대한 쾌감 그것뿐이다.

다만 그가 의식이 있고 반항이 있었다면, 사진 라스트 신에서뿐이다. 그러면 주인공의 모든 행동, 다시 말하면 이야기의 진전이 결코 의식 있는 사람의 생애는 아니다. 그러나 라스트 신에 가서 그 주인공은 지금까지 자기가 살아온 모든 사회와 자기가 행하여 온 모든 것을 자기가 판단할 수 있는 사람이 되었다.

서군의 평문 전체가 말하는 바는 이 작품이 조선 현실에 있기 어려운 사실이란 말이다. 개고기나 경칠삼을 위하여 피를 흘릴 사람은 조선에 없다는 이야기다. 이유 없이 싸우기보다는 빵을 찾는다는 말이다. 물론 그렇다. 이유 없이 싸울 사람이 어디 있겠으며, 개고기라는 싸움꾼을 위하여 피를 흘릴 사람이 어디 있겠느냐? 그러나 이 작품 전체가 현실에 있는 신문 3면 기사를 복사한 것으로 보았다면, 너무도 슬퍼할 일이다. 작자로서 이보다 더 비관할 일이 또 어디 있겠는가?

이 영화를 보는 관객 중에 앞에 앉은 아이들이 이렇게 보았다면, 그것은 할 수 없는 일이다. 영화를 평하는 서군이 이것을 현실에 있던 사실로 보아주었다면 비관하지 않을 수 없다. 이 작품은 풍자극이다. 더욱이 작품 첫 자막에 그것을 명백히 말하는 것이다.

전체를 통하여 한마디로 말한다면 갑과 을은 같은 사건에 있으면서도 모르고 싸운다. 그것 때문에 병은 그것을 이용한다. 그러나 두 사람이 병이 공통의 적인 줄 알았을 때에, 갑을의 싸움은 병에게 이익을 주었으리라는 이야기다. 그런데 서군은 이 작품에서 이야기를 현실에 비추어 보고, 없는 사실이라고 부정하였다.

잘 안다. 그런 줄 안다. 글로 쓴 것보다 그림으로 그려놓은 것을 보면 더 잘 알게 되고, 그림보다는 실물을 보여주는 것이 더 확실한 것인 줄 잘 안다. 그러나 우리에게는 이 실물을 보여

줄 ××가 없다는 것을 잊어서는 안된다. 될 수 있는 대로 실물에 가까운 것을 보이려고 애쓴다. 그러나 할 수 없는 사정에는 그림으로 그려서라도 보이지 않고는 아니되겠다는 것이다.

미지근한 일을 아니하는 것이 좋다면, 영화 제작도 그만두어야 된다. 그러나 우리는 이 사업이 절대로 필요하다고 느끼는 것을 그만둘 수는 없다. 현실을 관찰한다. 그림으로 이런 작품을 낸다. 좀 더 실물에 가까운 것을 내놓으려는 노력은 조금도 게을리 하지 아니한다. 인간사회가 끊임없이 변화하는데, 우리 작품만이 과거 아메리카 영화가 밟아 나온 과정을 밟아 나간다니, 〈철인도〉의 스토리가 아메리카 영화의 뒤를 좇아가는 것이라는 것은 너무 함부로 한 말 같다.

표현 방식이라든지 연기에는 그런 데가 없지 않다. 그런 것을 말한다면 모르거니와, 스토리만 가지고 논하는 서군의 비평에 아메리카 영화 운운은 너무 경솔한 평론 같다. 대체로 이 작품에 흐르는 사건만 일일이 들어 가지고 현실이 없다느니, 그런 일은 무정부 상태에 있는 곳에서나 볼 수 있는 일이라느니, 하는 것은 너무도 작품에 대한 착안점이 저급이다.

이 작품이 풍자극이니만치, 그 전체를 놓고 내면에 흐르는 작자가 찾으려던 것이 눈에 보이지 아니하였다면, 더구나 소학생에게서라도 작자는 바라던 그것이 평자의 눈에 아니 보였다면, 그것은 너무도 무식한 것이 아닌가. 덮어놓고 외면으로 흘러간 이야기의 형식체만을 가지고 이 작품을 논한다든지 평한다든지 하는 것은, 소학교 선생이 학생들에게 동화를 이야기하노라고 옛날에 토끼가 범에게 길을 물었다고 하면, 토끼가 무슨 말을 했겠느냐고 반문하는 소학생들과 같다.

이솝의 이야기는 한마디도 현실에 없는 이야기다. 〈철인도〉의 이야기가 조선 현실에 없는 이야기라고 하자. 그러나 작자는 이런 작품 관계상 필요하다고 인정한다. 왜 그러냐 하면 관객 대중이 평자들과 같이 〈철인도〉의 껍질만 보고 있지 않으리라고 생각하기 때문이다.

또 외면으로 흘러간 사건만을 가지고 이야기해도 그렇다. 자동차를 세우고, 술집을 부수고, 노상路上 설교를 힐난한다고 현실에 그런 일이 없다니. 적어도 왈패라는 이름을 듣는 싸움꾼 중에 이런 것을 몇십 번, 몇백 번 아니해 본 놈이 어디 있으며, 이런 일을 당할 때마다 유치장 신세를 몇십 번씩 지고 나도 또 하는 자가 얼마든지 있다. 조선에는 그 수가 늘어간다. 왜 그러냐 하면 의식이 없는 사람들은 불평의 원인과 또 그것을 어떻게 해야 된다는 정당한 방법을 모르기 때문에, 신경만 비뚤어져서 이렇게 되기 쉽다.

그런데 작자가 저급 팬에게 망동된 것은 누구나 보면 알

것이 아닌가. 그런 인물들이 비뚤어진 신경의 바른 길을 잡아 주면 어떻게 된다는 것을 그린 것이 아닌가. 도대체 평문이 이리 주견이 없는 것이면, 아무 이익도 필요도 없다. '현실을 망각한 자아 영웅적 선전의 장난'이라니, 사진을 보고 개고기의 행동 그대로를 본받을 사람은 서군 외에는 완연히 없을 것이다.

　또 목사가 딸을 찾으러 왔을 때의 개고기의 행동과 마리아를 데려다 놓고 한 이 행동 거기에 무슨 억측이 있단 말이냐. 개고기라고 이름을 붙인 사람이 아니고는 볼 수 없는 필연적 사실이다. 그것에 무슨 모순이 있다는 말이냐. 물론 개고기는 극단으로 이기주의자다. 그것밖에 모른다. 마리아를 구해 온 것도 자기가 도적이 아니라는 변명을 해놓고, 목사에게 욕이라도 실컷 해서 쾌감을 얻으려는 이기심이요, 궤짝을 빼앗으려고 피를 흘리며 격투한 것도, 밀수출하려는 것이니 빼앗아도 법률에 간섭 없을 터이므로, 자기 것을 만들겠다는 이기심이다.

　광산에서 경칠삼과 악수한 것도 이기심이다. 그러나 개고기라는 그 무지한 사람은 악수할 필요를 느끼는 동시에, 그 결과를 보고야 비로소 무익한 싸움을 해왔다는 것을 깨달았다. 그것이 의식 있는 사람이면 별문제려니와, 이런 무뢰한은 필요한 경우를 만나지 않고는 깨닫기 어렵다. 그에게 마르크시즘을 말해 보라, 아는가. 공산주의를 설하기보다는 먼저 그 필요를 진심으로 느끼도록 해주는 것이 더 효과가 있지 않은가.

원 십장에 대한 감정으로 두 사람이 악수했다고밖에 눈에 아니 보이던가. 그보다 갑이라는 ××와 을이라는 ××가 악수의 필요를 느꼈다고는 아니 보이던가. 서군이 본 〈철인도〉는 수박 껍질을 핥고 쓰다고 떠드는 격이다.

❖
이 글은 《중외일보》(1930.4.26.~5.1)에 실린 서광제의
〈원방각 작품 '철인도' 비평〉에 대한 반론이다.

4

—

내 작품은 이러합니다

채플린과 그 예술을 보고자

너무 막연한 이야기를 쓰라 하시니 대답하기도 아득합니다. 가고 싶다, 보고 싶다는 데가 한두 곳이겠습니까. 그러나 그 마음도 시시로 변해 갑니다.

남유럽 문학에 취하였을 때는 지중해변을 낱낱이 뒤지고 싶었고, 톨스토이Lev Tolstoy를 좋아하던 때는 러시아도 퍽 그리워했습니다. 그러나 요새는 실현되지 못할 공상으로 밤을 샐 나이는 지났으므로, 별로 그런 생각은 아니합니다만, 지금 갈 수 있다면 에티오피아에 가서 발 벗은 병정들이 싸움하는 구경이나 하고 싶습니다.

그 다음에 여비나 넉넉하면 아메리카로 건너가 영화촌으로 들어가서 한 5,6개월만 마음대로 구경이나 했으면 좋겠습니다. 전에는 독일로 퍽 가고 싶었는데, 히틀러Adolf Hitler 씨의 나치스 광풍이 떠도는 판에 재주 있는 사람이면 거반 외국으로 가버렸다는 말을 들은 다음에는, 독일 영화계도 쓸쓸할 것 같습니다. 한 시절 제일 좋아하던 콘라트 파이트Conrad Veidt도 지금은 영국에 가 있다니, 독일 갈 마음이 더욱 없어졌습니다.

그래도 할리우드는 그리운 사람이 꽤 많아요. 채플린Charles Chaplin 같은 사람은 꼭 한 번 만나보겠습니다. 제일 먼저 묻고 싶은 이야기가 수십 년 공을 들여 전매특허권을 얻은 수염을 히틀러에게 뺏기고 왜 가만 있느냐고, 그 일이 제일 궁금합니다.

다음은 그가 출연할 때에 차리는 모양이 중산모, 스틱, 해진 예복, 뚫린 구두의 가짜 신사, 다시 말하면 속은 비고 형식만 차리는 부류의 인간들을 비웃는 차림이라는데, 아무리 보아도 그것은 19세기 말에나 볼 수 있는 신사지요. 새 거리에서 볼 수 있는 신사는 아닙니다.

처음 그가 출연할 때의 신사들은 그랬을는지도 모르나,

요새 거리에 나타나 갖은 해독을 다 끼치는 가짜 신사들은 그런 모양으로 나타나지 않습니다. 모자도 다르고, 양복도 다릅니다. 그러니 시대를 따라서 의상도 고쳐야 될 것을, 아직까지도 그 옷으로 버티려는 그 고집을 버리라고 손목을 꼭 붙잡고 타이르고 싶습니다. 그래서도 듣지 아니하거든 조선 사람이 모아준 돈 100만 원을 도로 내라고 해서 찾아오면, 그 중에 내가 찾을 돈도 2,30원은 있을 것입니다.

다음에 만나야 될 사람은 존 배리모어John Barrymore. 그곳서 찍는 사진은 많다는데 이리로 오는 사진은 하나도 없으니, 웬일이냐고 물어야겠습니다. 물론 이렇게 대답하리다.

"내 사진은 권리금이 비싼데, 그 돈을 주고 사가서는 수지가 안 맞는다고 안 사가는 것이니, 난들 어떻게 하우."

그러나 그것은 모르고 하는 말입니다. 존 배리모어를 조선 사람이 좋아하기는 〈씨 비스트〉(〈바다의 야수〉)입니다. 선이 굵고 열정 있는 연기가 조선 사람의 심장을 울렸습니다. 그 후에 그는 작품마다 거의 다 저급 흥행가치를 구하려는 미남자 역으로 출연했습니다.(〈마농 레스코〉〈돈후안〉〈내가 만일 왕자였다면〉) 50 된 남자가 흰 분을 바르고 나와서 20세 청년 흉내를 낸다고 되는 법이 아닙니다. 그래서 여러 번 속은 조선 관객들은 그를 버렸습니다. 아직도 무대에 나서 〈햄릿〉을 하면 1년 만원은 틀림없다는 인기니 권리금은 비싸겠지만, 조선에다가 사진을 또 팔아 먹으려거든 〈바다의 야수〉 같은 것을 박아 보내면, 틀림없이 나도 50전 하나는 입장료로 쓰겠다고 단단히 일러야겠습니다.

돌아오는 길에 하와이에 들러서 조선 사진 중에 제일 잘못된 것을 그곳 있는 형제들에게 구경시키고, 조선서는 남배우나 여배우가 다 생활난으로 얼굴빛이 이렇게 나쁘니, 그곳에 있는 대표적 미남 미녀로 열 사람씩만 동정해서 조선에 보내주면, 외국으로 보낼 영화를 만들겠노라고 사정하면, 들을 듯도 한 일입니다.

동경, 교토는 지나던 길에 들러서, 그곳서 이름을 바꾸어 가지고 나카무라니, 다무라니 하고 조선 사람이라는 것이 알려지면 10원짜리 촬영소 심부름꾼 자리가 떨어질까 봐 벌벌 떨며 연구(?)하시는 분들에게, '조선 영화계가 빈약하다'는 타령만 말고 와서 일 좀 같이 해보자고 부탁이나 해놓고 돌아올까 합니다.

정말 재미있는 이야기는 정말 여행을 하고 온 때에 쓰겠습니다. 언제 떠나느냐고요? 세계일주할 여비를 모으려고 '벙어리' 한 개를 오늘 사올 작정입니다.

❖
《삼천리》 1936년 1월호 기획 '예술가로서 세계에 나가면 무엇을 보고 돌아올까'에 실린 글.

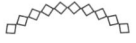

당대 인기 스타
나운규 씨의 대답은
이러합니다

〈아리랑〉 영화와 한가지로 반도의 방방곡곡에 그 이름이 높아진 우리 영화계의 쾌남아 나운규 씨는 실로 당대의 인기 배우이다.

〈아리랑〉 3편 개봉을 앞두고 불철주야 모든 복잡한 사무에 이리 달리고 저리 달리면서 분주한 가운데 그 매력 있는 두 눈에 열이 오른 씨를 고려영화배급소로 찾아, 영화배우로서의 숨김 없는 대답을 듣기로 작정하고, 입춘도 지나 따뜻한 봄날의 조각 볕이 온몸을 싸주는 어느 날 종로거리를 나섰다.

기자 영화운동에 나선 지가 몇 해나 되시나요?

나운규 꼭 10년이 되지요. 내가 23세 때였으니까!

기자 맨 처음에 출연한 영화는 어떤 영화였나요?

나운규 〈운영전〉이란 영화에 출연하였던 것이 처음이지요.

기자 이래 오늘날까지 10년 동안 통틀어 출연하고 제작한 영화가 얼마나 되나요?

나운규 한 30여 개 될걸요.

기자 무던히 많이 만들었구려! 그 영화들을 대강 말씀해 주세요.

나운규 〈들쥐野鼠〉〈금붕어〉〈아리랑〉 등등… 뭐, 그것을 갑자기 일일이 다 말할 수가 있나요.

기자 그 중에서 가장 자신 있게 된 영화가 무엇이었나요?

나운규 하나도 없었어요. 처음 만들 때에는 좀 자신 있게 잘 만들어 보려니 하지마는, 정작 작품을 만들어 낸 다음에 보면 어디 입때 단 하나도 내 마음에 맞도록 된 것이 없어요.

기자 그러나 그 가운데서 그 중 낫다고 보는 것만이라도 말씀해 주세요.

나운규 글쎄요…

기자 〈아리랑〉(처음에 만든 영화 말입니다) 같은 영화는 일반적으로 대단한 환영과 찬사를 받지 않았나요? 이 〈아리랑〉보다 더 낫게 된 작품이 있었다고 보세요?

나운규 〈아리랑〉이오? 글쎄요, 나로서는 역시 만족된 작품이라고는 할 수 없지요. 그래도 내가 만들어 낸 영화 중에서는 그 중에 나은 것이라고 하겠지요. 다시 말한다면 나의 성격에 맞는 배역이었던 관계도 되겠지요.

기자 그러면 어떠한 역이 가장 적역으로 생각하시나요?

나운규 한 마디로 말하자면 무거운 역, 침울한 역이 가장 좋아요. 그러기에 러시아 영화 같은 것을 그 중 좋아하지요. 그 중에서도 〈산송장〉 같은 영화를 하나 만들어 보았으면 합니다.

기자 그 영화 같은 것은 한 번 만들어 보고 싶지 않은가요?

나운규 그러한 역에 출연한다면 그리 실패할 것 같지는 않지만, 아직 조선 같은 데서는 그 영화를 구성할 만한 재료도 없거니와 제작하기에는 도저히 불가능하다고 봅니다.

기자 배우로는 어떤 이를 특히 좋아하나요? 서양 배우들 중에서 말입니다.

나운규 별로 특히 좋아하는 사람이라고는 없어요.

기자 그래도 한두 사람 있겠지요?

나운규 글쎄요… 일률적으로 누가 좋다, 누가 싫다 말할 수는 없지요. 이름 있는 배우들은 다 각각 자기 독특한 성격을 살리는 데에 훌륭한 점이 있으니까. 말하자면 우리가 자주 스크린 위에서 대하게 되는 배우들은 모두 훌륭한 이들이지요. 다 좋아한다고 하겠지요. 그러나 동양에 많이 나오는 영화나 동양 사람에게 인기 있게 알려진 배우라도 서양에서는 그다지 유명하지 못하고, 또 동양에서 인기 없는 배우 중에서도 서양에서 훌륭한 인기를 가지고 있는 배우들이 있어요. 저 조지 오브라이언George O'Brien 같은 배우의 인기는 동양에서 사라져 버린 지가 오래지만, 서양에서는 지금도 그의 인기가 굉장히 높아요. 그 이유는 그 사람이 만든 영화는 워낙 값이 비싸서 동양으로는(더구나 조선 같은 데로는) 나오지 못하는 관계라고도 하겠지요.

기자	여배우로는 누구를…
나운규	영화 〈모로코〉에 게리 쿠퍼Gary Cooper 와 같이 주역으로 나왔던 디트리히Marlene Dietrich 같은 여배우를 가장 좋아하지요. 역시 러프 역으로서는 세계적으로 훌륭한 연기를 나타내는 여자로서, 또한 그의 인기가 오래 보존되는 것으로 보아서도 훌륭하다고 하겠지요. 그 다음 가르보Greta Garbo 같은 여배우도 퍽 좋게 생각합니다. 러프 역으로서 그의 인기 역시 오래 계속되는 것으로 보아 좋아합니다.
기자	그러시면 동양, 특히 조선에서는 어떠한 배우를 좋아하나요?
나운규	글쎄요. 더구나 조선의 배우들이란 얼마 안되는 수요, 또 대부분 매일같이 손목을 잡고 같이 일하는 사람들이니 누가 어떠하다고 말하기는 도무지 어렵지요.
기자	최근에 출연한 영화는 어떤 영화인가요?
나운규	〈아리랑 3편〉이지요.
기자	지금까지 10여 년간 30여 개의 영화에 출연한 가운데서 커트당하지 않은 영화가 몇 있나요?
나운규	커트 안 당한 영화라고는 2,3개가 될까 말까 합니다.

그 다음 전부는 대개 7,80척 내지 1천여 척의 커트를 당하였어요.

기자   이번에 새로 만든 〈아리랑〉은 커트를 얼마나 당하였나요?

나운규   1천 미터 이상이 커트되었어요. 아마 영화를 만들던 중에 가장 많이 커트를 당한 셈입니다. 그래서 부득이 상영할 일자를 연기해서 약 1개월 동안 근 3천여 원을 손해 보면서 다시 촬영하기로 하였어요.

기자   그런데 좌익 영화를 어떻게 보시나요. 더구나 앞으로는 어떠한 영화를 찍고 싶은가요?

나운규   지금 이 자리에서 이렇다고 확답하기 어려운 문제입니다만, 나는 과거 10년간도 그러했지만 앞으로도 가능한 정도 내에서는, 다시 말한다면 합법적인 범위 내에서는 최대한으로 우리 조선 사람이 요구하는 진실하고 무게 있는 영화를 만들려고 합니다.

기자   토키 영화는 현재 조선에서도 가능하며, 따라서 그 길로 나가야겠지요?

나운규   네, 물론 그러해야만 될 줄 알고, 또한 자연히 그리 될 것입니다. 벌써 무성영화란 존재가치를 잃었다고 하겠지요. 사람이 동작하며 말할 수 있는데, 동작하면서 말을 못한다는 것은 시대적 역류라고 하겠지요.

기자 그러나 일부에서는 특히 채플린 같은 사람은 토키 반대론을 부르짖지 않았습니까?

나운규 그러나 채플린도 〈파리의 지붕 밑〉 같은 훌륭한 발성 영화를 보고는 감탄하며, 자기의 고집을 버렸다고 하지 않아요?

기자 금후로 조선 영화계는 어떠한 발전이 있을 것 같습니까?

나운규 네, 금후로는 계속해서 크게 발전될 것입니다. 더구나 조선서도 토키 영화가 아니면 대중의 요구를 만족시키지 못할 것입니다.

기자 기업적인 점으로 보아서나, 또는 일반대중의 문화적 욕구로 보아서 조선 영화계가 장차 크게 발전될 것이라면, 배우라든가 영화인들을 양성하는 기관의 설립이 시급히 필요하지 않은가요?

나운규 네, 물론 필요하지요. 그러기에 조선서도 불원간 그러한 좋은 기관이 생길 것으로 믿어집니다.

기자 매일 매일의 취미로 하는 것은 무엇인가요?

나운규 몰취미한 인간이지요. 아무런 취미라고는 없어요. 술은 한 잔도 못 먹고, 장기, 바둑도 둘 줄 모르고, 골

프, 마작도 통 모르지요. 그러나 담배는 대장이지요. …하하… 하루에 25개비 내지 35개비의 기록은 늘 유지하고 있으니까. 흡연가 대경연회가 있다면 자격이 충분하겠지요…

기자   그러시면 독서는 퍽 많이 하겠군요.

나운규   네, 틈만 있으면 독서합니다. 그러나 내 성미가 유별나서인지 영화 방면의 서적은 별로 보지 않고(원체 그리 수도 많지 않지만), 정치 경제 방면의 서적을 많이 보지요.

기자   색은 무슨 색을 좋아하시나요?

나운규   자줏빛깔을 퍽 좋아하지요.

기자   계시는 실내는 어떤 장치를 하여놓았나요?

나운규   아무런 장치도 없어요. 아침 다섯 시나 일어나면 밤 열한 시가 늦어서야 집에 들어가니, 워낙 집안을 장치할 수도 없는 일이지만, 하여야 될 필요를 느끼지 않습니다. 나는 아침 일찍이 일어나는 습관만은 있지요. 그래서 남이 잘 때에 방문을 가서 꼭꼭 만나서 모든 일을 하지요.

기자   고향은 어디신가요?

나운규   함북 회령이지요.

기자 결혼을 하시었나요?

나운규 네.

기자 연애를 하여본 일이 있습니까?

나운규 네, 많지요…

기자 한번 출연한 영화가 상영되면, 어여쁜 여자에게서 러브레터나 좋은 선물들이 많이 들어오겠지요?

나운규 네, 그런 종류의 편지 같은 것이 많지요. 그밖에 어디서 만나자는 간곡한 편지도 많고요, 하하…

기자 그러면 그런 경우에는 일일이 회답도 하여주고, 또 만나자는 장소로 가서 만나 보시나요?

나운규 아-니오. 그러한 예가 없었어요.

기자 그러시면 어떤 여자들과 연애를 하시었나요?

나운규 나는 같은 영화나 연극 방면의 여자들과는 절대로 특별히 사귀지 않으려 합니다. 그러기에 연애를 하여도 다른 방면에 있는 여자들과 사귀지요. 그것은 내가 이 영화계로 나아가는 데 있어서의 한 신조이니까요!

기자 앞으로도 계속해서 영화 방면으로 나가시겠습니까? 혹은 연극 방면으로나 다른 데로 돌아가시겠습니까?

나운규 꾸준히 일생을 영화계에 비치렵니다. 그러나 과거에도 한동안(한 3년 전)은 연극 방면으로(신무대) 나섰던 일도 있지마는, 자주 틈만 있으면 이 방면으로도 힘써볼까 합니다.

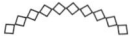

명우 나운규 씨,
「아리랑」등 자작
전부를 말함

　조선 영화계의 개척자요, 선구자이며, 아울러 그 천품이
사계 제일인자로 세상에 이미 정평이 있는 나운규 씨가, 이제
한 사람의 영화 관객과 더불어 〈아리랑〉〈잘 있거라〉 등 십 수
편의 자작 전부에 대하여 솔직하게 심회를 말하다.

〈아리랑〉

문   풍년이 온다. 풍년이 온다.

이 강산 삼천리에 풍년이 온다.

아리랑 아리랑 아라리요.

아리랑 고개를 날 넘겨주오.

하는 이 노래는 누가 지었어요? 한동안은 ─ 그것이 벌써 십 년은 되었지만 ─ 그때 서울이든, 시골이든 어디서든지, 어린아이, 어른 할 것 없이 모두 즐겨 부르던 〈아리랑〉의 이 주제가를 누가 지었어요?

답   내가 지었소이다. 나는 국경 회령이 내 고향인 만치, 내가 어린 소학생 때에 청진서 회령까지 철도를 놓기 시작하였는데, 그때 남쪽에서 오는 노동자들이 철로 길뚝을 닦으면서 '아리랑 아리랑' 하고 구슬픈 노래를 부르더군요. 그것이 어쩐지 가슴에 충동을 주어서 길 가다가도 그 노래가 들리면 걸음을 멈추고 한참 들었어요. 그러고는 애연하고 아름답게 넘어가는 그 멜로디를 혼자 외워보았답니다. 그러다가 서울 올라와서 이 〈아리랑〉 노래를 찾았지요. 그때는 민요로는 겨우 〈강원도 아리랑〉이 간혹 들릴 뿐으로, 도무지 찾아 들을 길이 없더군요. 기생들도 별로 아는 이 없고, 명창들도 즐겨 부르지 않고 — 그래서 내가 예전에 듣던 그 멜로디를 생각해 내어서 가사를 짓고, 곡보는 단성사 음악대에 부탁하여 만들었지요.

문 영화 스토리도 혼자 생각했어요? 어떤 데서 암시를 받았고, 또 어떤 뜻을 표현하느라고 애썼어요?

답 이야기도 모두 혼자 생각해 냈지요. 거기에 표현하려 한 정신은 한 개의 아무 구속도 아니 받는 인간을 그리려 했지요. 그러자면 미친 사람이 되어야 하지요. 미친 사람 눈에는 세상의 모든 권위도, 무서운 것도, 머리 숙일 곳도, 아무 것도 없지요. 제가 웃고 싶으면 언제든지 웃고, 제가 하고 싶은 말은 아무 말이나 하고요 — 그래서 이 주인공을 철학을 연구하다가 미친 사람으로 만들었지요. 이 미친 사람에게 누이가 있었지요. 누이가 오빠의 친구와 연애하는데, 그 집 머슴(지주의 마름 – 편집자 주)이 누이를 탐내지요. 그래서 이 머슴을 미친 사람이 죽이지요. 죽이고 나자, 그 사람 정신이 바로 돌아오지요. 그래서 살인죄를 쓰고 옥에 들어가는 것으로 전편의 끝을 삼았지요.

문 그때 여우女優는?

답 신일선이지요.

명우 나운규 씨, 〈아리랑〉 등 자작 전부를 말함

149

문 신일선이는 어떻게 발견했어요?

답 내가 부산에 갔을 적에 하루 저녁은 연극 구경을 갔는
데, 무대 위에 올라서서 독창하는 어여쁜 나어린 소녀가
있더군요. 그러나 그때는 막연하게 기억만 해두었다가,
서울 와서 이 처녀작을 박으려고 생각을 하자 여우를 얻
을 필요가 있어, 그때 함경도 함흥에 가서 극장에 있는
그를 데려왔지요. 그 아버지는 서울 경운동 이강李堈 전
하 댁에서 마당도 쓸고 심부름하는 노인이고, 그 오빠는
순사 다니다가 그만둔 사람이지요.

문 신일선이를 배역으로 얻은 것은 큰 성공이었지요?

답 그랬지요. 그때는 그가 처녀 시절이고, 열성이 있고 용모
가 아름답고, 퍽이나 유망하였지요. 중도에 결혼 사건만
없이 그대로 성장하였다면, 지금쯤은 큰 스타가 되었을
것을 아까운 일이었지요.

문 〈아리랑〉은 제작비가 얼마나 들었어요?

답 3천 원.

문 그 돈을 뽑았어요?

답 개봉 당시에 거지반 그 3천 원은 다 뽑았지요. 흥행 성적
이 좋았으니까. 그 뒤의 통계를 치면 아마 몇십 곱절의 돈
이 생겼을 걸요 ─ 작품은 모두 요도淀라는 흥행업자의

손에 가 있습니다만.

〈풍운아〉와 〈금붕어〉

문　〈아리랑〉이 그렇게도 큰 센세이션을 일으킨 뒤 둘째 번 작품으로 내놓은 것은?

답　〈풍운아〉이지요. 이것은 그때 더글러스가 전성하여 뛰고 달음박질하고, 그런 영화를 일반사회에서 요구했으니만 치 나도 이런 것을 착수해 보았지요.

문　스토리가 어떻게 되었던가요?

답　시베리아를 오래 방랑하고 있던 주인공이 고토故土라고 조선에 찾아오지요. 그가 찻간에서 어떤 인텔리 여성을 만났는데, 그 역시 외지로 돌아다니던 무슨 당원이지요. 둘은 마침내 어린아이 하나를 얻어요. 즉, 다 자란 사람 에게는 기대할 것이 없으니, 앞으로 자라나는 어린이들 을 잘 길러 내자 ― 아무쪼록 잘 길러내서 우리 뜻을 본 받게 하자 함에 중요한 뜻이 있었지요. 그래서 땅 위에 우 리 지도도 그려 가르쳐주고, 거짓말과 속이는 정직하지 못한 성격도 바로잡아 주고 ― 이런 것을 거칠거칠하게 선이 굵게 그리느라고 했어요.

문 그때 여우는?

답 김정숙이었지요.

문 김정숙이는 어떻게 발견했어요?

답 그가 처음 윤백남 씨의 백남프로덕션에 있었어요. 그런
　　것을 데려왔지요. 원래는 부산서 기생 노릇을 하였대요.

문 데려다가 한 번 촬영을 마칠 때까지, 즉 한 작품을 끝낼
　　때까지 보수는 얼마나 주나요? 한 300원 주어요?

답 그런 경제력이 있었어야지요. 피차에 그저 희생적 노력
　　이란 생각이 있으니깐 버티어 가지요. 그때나 이때나 한
　　100원씩 주는 폭이 되지요.

문 김정숙이는 〈금붕어〉에까지 나오더니 이내 종적을 감추
　　더구먼요, 영화계에서. 지금은 무얼 해요?

답 어느 시골의 카페 여급으로 돌아다닌데요.

문 그도 역시 연애 때문에 타락했는가요?

답 그런 점도 있겠지요. 그와는 〈금붕어〉에도 함께 나왔는
　　데, 인텔리 여성으로의 특질이 있어서 좀 더 발전할 수 있
　　었던 것을…

문 〈풍운아〉나 〈금붕어〉는 흥행 성적이 어떠했어요?

답 내가 초기에 만든 〈아리랑〉〈풍운아〉〈들쥐野鼠〉의 세 편
　　은 일본 내지인인 요도가 돈을 대어 제작하였는데, 제4

작인 〈금붕어〉에 와서는 단성사의 돌아가신 박승필 씨가 돈 대주었어요. 그래서 그때 비로소 나운규프로덕션을 설립하고 첫 작품으로 〈금붕어〉를 하였는데, 다 좋았어요. 모두 5,6배씩 남았지요.

〈잘 있거라〉

문 〈잘 있거라〉는 거칠거칠하고 남성적인 작품이어서 많은 사람을 울리고 감격케 하였지요. 흥행 성적도 좋았을 걸요?

답 그것이 제작비용이 2,800원 들었지요. 그때는 원체 필름 값이 싸고, 세트를 만들고 하는 것이 아니라 대부분이 그냥 들에 나가 로케이션으로 박아냈으니까, 비용이 훨씬 적게 들었지요. 그리고 열흘 동안이란 짧은 시일에 끝냈으니깐요.

문 그때 여자 스타는?

답 전옥 씨였지요.

문 성악가 강홍식 씨 마누라가 된…

답 그렇지요. 전옥 씨와 더불어 그 뒤 〈옥녀〉도 박았지요. 그런데 〈잘 있거라〉는 열여드레 동안의 서울 흥행에서 벌써 제 밑천을 다 뽑는 호성적을 내었음에도 불구하고,

〈옥녀〉에 와선 아주 망쳤지요. 비용은 4천 원씩이나 들어서 — 그것은 세트 설비가 불완전한데다가 눈이 푸실푸실 오는 겨울이고, 도무지 활동이 여의치 못했어요. 나는 그때 일이 잊히지를 않아요. 〈옥녀〉가 단성사에서 개봉될 적에 첫날 관객 틈에 끼어 가보고 그만 낙망했어요. 완전히 실패한 작품이었거든… 그래서 그 길로 집에 돌아와 이불을 쓰고 두문불출하며, 큰 결심을 하고 일 주일 동안 생각해 시나리오를 써낸 것이 저 〈저 강을 건너서〉였지요.

〈저 강을 건너서〉와 〈사나이〉

문   〈저 강을 건너서〉는 확실히 걸작이었지요. 〈아리랑〉에 버금갈 걸작이었지요. 어딘가 프로(조선프롤레타리아예술가동맹 계열 – 편집자 주) 작가 최서해 작풍을 연상시키는 좋은 대목이 많았지요.

답   네, 다행히 성공했어요. 그러나 간도에까지 가서 로케이션 했던 관계로 비용은 많이 나서 제작비가 모두 6천여 원이 들었어요. 역시 요도가 대어 주었어요.

문   윤봉춘 씨도 그때 함께 갔지요?

답 그렇지요. 전옥, 윤봉춘 모두 함께 출연했어요.

문 지금도 잊히지 않는 것은 〈저 강을 건너서〉 속에 북간도 어느 촌학교에서 눈보라 치는 추운 날 학생들이 노래하고 체조하는 대목 같은 것은 참으로 좋았어요.

답 원래 그 제목도 〈저 강을 건너서〉가 아니고 처음에는 〈두만강을 건너서〉이었지요. 그러다가 그것이 재미없다고 어느 측에서 말이 있기에 중도에 변경했는데, 내 생각에는 간도 동포들의 생활을 사실적으로 그려보자 함이었지요. 그러나 〈저 강을 건너서〉는 다행히 호평도 받고, 나 자신도 자신이 있었습니다마는, 그만 그 다음 작품인 〈사나이〉에 와서는 또 망쳤지요.

문 〈사나이〉는 어떤 것인가요?

답 돈 가진 집안 자식이 아버지에게 불평을 품고 뛰어나와 활동하는 것인데, 여러 가지 장애가 있어 실패하고 만 작품이 되었지요.

문 여자 스타는 누구였던가요?

답 유신방이라고 새로 나온 이지요. 인천에 놀러 갔다가 내가 발견했지요. 인천서 기생 노릇을 하던 여성입니다. 그러나 어느 여자고보를 마친 인텔리 여성이었지요. 문학을 좋아하여 스스로 붓을 들어 시도 짓고, 극도 쓰느라

하였고, 풍모도 교양이 있느니만치 인텔리의 근대적 여성으로 보였지요.

문 나이는?

답 그때 스물세 살.

문 어째서 이화전문 문과 출신 같은 데서 여우를 구하지 못하고, 그저 기생과 여급 사회에서만 구하려 들어요? 동경서는 귀족 집안에서까지 구한다는데… 가령 이리에 다카코로 말할지라도 그가 자작子爵의 따님 아녀요?

답 이화 출신이야 어디 눈이 높아서요…

문예작품 〈벙어리 삼룡〉

문 그 다음이 저 유명한 문사 나도향 원작 〈벙어리 삼룡〉인가요?

답 그렇습니다.

문 문예작품을 착수하게 된 동기는?

답 어릴 때부터 문학을 좋아한 탓으로, 틈만 있으면 여러 작가의 작품을 읽느라고 노력했지요. 그 중에서 가장 인상 깊은 것이 이 〈벙어리 삼룡〉이었어요. 또 그 스토리 된 품이 영화화하기에 알맞고, 주인공이 내 비위를 끌어요.

문 〈벙어리 삼룡〉은 마치 저 후지모리 세이키치의 〈무엇이 그녀를 그렇게 만들었나〉와 비슷한 맛이 있지요?

답 그래요. 생각하여 보면 퍽이나 심각한 제재였어요. 그때 돈이 들기는 3,600원이었는데, 스케일을 너무 크게 잡았다가 다소 실패한 점이 있었어요. 나는 지금도 생각하거니와, 그것을 다시 토키로 박아보고 싶어요.

문 마지막의 라스트 신인 불 놓는 장면은 세트로 했던가요?

답 동대문 밖에 나가서 대문과 마루와 안방의 세 세트를 만들어놓고, 여기에 차례차례 불을 질렀지요. 그리고 온 가옥이 타는 모양은 연막을 사용해서 만들어냈지요.

그런데 그때 혼난 일이 있었지요. 집을 짓되 종이와 헝겊으로만 모양을 만들면 너무 빨리 불에 타버릴까 저어하여, 그 뒤에다가 두 치 널판장을 대고 그리고 석유 한 통을 사다가 모두 골고루 뿌렸지요. 아무쪼록 오래오래 두고 골고루 붙으라고. 그뿐더러 그 장면만은 아주 실제와 비슷하게 만들 생각으로, 내 몸에 실제로 불이 붙는 것을 박으려고, 그래서 솜옷을 지어 입은 그 위에다가 나도 석유를 잔뜩 쳤지요.

그런데 그 장면은 안방에서 이 불난리에 울며 부르짖는 여자를 내가 뛰어 들어가서 구해 가지고 옆구리에 끼고 나오는 대목인데, 이걸 좀 보세요. 글쎄 불을 붙였더니, 예상과 어그러져 아주 일시에 화약이 폭발하듯 탁 붙겠지요. 내 전신에도 빨간 불길이 확 붙고. 나는 이마와 옆구리에 크게 화상을 입었지요. 그 여자를 구해 내기까지는 하였지요. 카메라가 자꾸만 돌아가는데, 그렇다고 끊을 수가 있어야지요.

그래서 그 뒤 약 한 달 동안을 두고 앓았지. 큰 화상을 당했어요. 그 여자도 머리가 타고, 젖가슴이 타고 야단났지요. 마침 누가 경험 있는 이가 있어, 온 몸이 불길에 싸인 나를 보고 그냥 땅 위에 구르라고 하여, 눈 위를 마구 굴렀기에 목숨은 구했지만, 지금 생각하기에도 몸서리가 치는 큰 모험이었어요.

문　그때 그 여자는 누구인데요?

답　역시 유신방이었지요.

〈개화당〉과 〈임자 없는 나룻배〉

문　선구자 김옥균을 취급한 사극 〈개화당〉은 흥행가치로는 차치하고라도, 우리 영화사상에 남긴 가치 있는 사업이었지요.

답 사실 고백하지만 사극은 어려워요. 그 시대의 말씨라든지, 의복 제도라든지, 그런데다가 사실에만 충실하자면 작품이 싱겁게 되고, 예술미를, 즉 꿈을 집어넣자면 역사를 위조하게 되고요. 어쨌든 그 작품에서 가장 커트를 많이 당했어요. 그리고 그 작품 이후에는 같은 사극이라도 이조 500년 동안의 역사물은 되도록 취급치 말라는 주의를 받았어요.

문 〈개화당〉에도 여자가 나오던가요?

답 나왔지요. 그때는 하소양이지요. 이분은 내 친구 윤봉춘의 마누라였지요. 지금은 갈라지고 다른 곳에 시집갔다 하지만, 퍽이나 소질 있는 분이었지요.

문 〈임자 없는 나룻배〉에는 누가 나왔어요?

답 김연실이와 문예봉 둘이.

문 그 두 분은 어떻게 발견했어요?

답 단성사에 있는 내 친구의 소개장을 가지고 처음 김연실 군이 찾아왔더구먼. 그러나 얼굴이 그렇게 뛰어나게 어여쁜 것도 아니고, 연기도 특별히 우수한 것은 아니었지만, 그 사람은 열성이 있어요. 기어이 성공하고야 말겠다는 열성과 노력이 있어요. 그리고 문예봉 군은 그때 '연극시장'인가 어디인가의 여우 노릇 하는 것을 내가 데려왔

지요. 성장할 싹이 보여요. 문군은 요즈음 기록영화를 박
는다고 동경 들어가고 없지만.

문　〈임자 없는 나룻배〉 뒤에는 무엇이 있었어요?

답　〈철인도〉와 〈종로〉가 있었지만 다 수준 아래고, 〈아리랑
3편〉도 돈은 5천 원이나 먹여가며 일부러 신일선이도 부
활시켜가며 그랬으나, 연구 기간이 없고 여러 가지 장애
로 결국 성공한 작품을 만들지 못하고 말았지요.

문　아마 〈아리랑 3편〉이 최초의 토키였지요?

답　그랬어요. 그리고 이번에 박는 〈오몽녀〉도…

이태준 씨의 〈오몽녀〉

문　문사 이태준 씨 작품에 착수하게 된 동기는?

답　훨씬 예전에 내가 이 작품을 읽고 대단히 좋고 재미있는
것이라고 생각했으나, 그것이 누구의 작품인 줄 몰랐어
요. 요전까지 내 기억에는 《개벽》 잡지에서 현상 모집에
들어온 어느 무명작가의 것인 줄만 알고 있다가, 비로소
이태준 씨의 원작이요, 그것이 《개벽》이 아니라 《시대일
보》에 났던 것인 줄 알았어요.

문　이번 작품은 대작인가요? 강원도에 로케이션도 오래 다

녀오고.

답 상당히 큰 작품이외다. 우선 경비만 해도 6,500원 예산이었는데, 아무래도 초과할 것 같아요. 지금 밤낮 가리지 않고 촬영 중인데, 아마 1월 둘째 주나 셋째 주에는 개봉될 듯해요.

문 이태준 씨 작품은 퍽이나 인정미 있고 묘사가 깨끗하니까, 영화로 해도 많은 인기를 얻을걸요. 앞으로도 문사들 작품을 자꾸 착수하구려.

답 그리 하고 싶지만 근래에는 문예작품을 별로 읽지 못해요. 다만 예전 기억으로 말하면, 춘원 작품은 영화화할 만하게 사건이 복잡하고 인물이 다채로워요. 기회 있는 대로 만들어보려 해요.

문 이번 〈오몽녀〉에는 누가 여스타예요?

답 노재신이라고 〈아리랑 고개〉(1935년 개봉한 홍개명 감독의 영화 – 편집자 주)에 나왔던 이지요.

문 딴 말이나, 자작영화를 상연하기 전에 그 극장 무대에 나서서 인사한 적이 있었어요?

답 있지요. 대구나 평양 같은 데 나가서 가끔 하였지요. 퍽들 그리 하는 것을 좋아하더군요.

여우는 처녀가 좋은가 부인이 좋은가

문 과거 10년 동안 여러 수십 개의 작품을 만들어 본 경험으로, 여배우는 시집가고 아이 낳은 중년부인이 좋은가요, 아직 나어린 처녀가 좋은가요?

답 그야 처녀지요.

문 오코우치 같은 배우는 말하기를, 예藝가 숙련되고 인생의 실감을 가진 명우名優를 얻자면, 역시 시집도 가보고 아이도 가져본 나이도 3,40 된 여자가 좋다고 하더구먼.

답 그러나 그렇지도 않지요. 내 경험으로 보면 시집가 놓으면 그만 열정이 식어요. 생명같이 알던 영화를 헌신짝같이 여기고, 그제는 남편이요, 연애요 하고 딴 데만 정신을 써서 못 써요. 역시 육체의 아름다움도 좋고, 성격도 순진한 처녀 시절이 낫지요.

- 12월 25일(1936년) 저녁

경성촬영소 〈오몽녀〉 촬영장에서 회견하다

❖

《삼천리》 1937년 1월호 '백만 독자 가진 대예술가들'이라는
대담 기사에 실린 글. 같은 기사에 소설가 이광수의 대담도 함께 실렸다.

나의 러시아 방랑기

버터 통 들고 뛰어가는 맨발 벗은 어린 처녀. 큰길을 가로지르다가 루바슈카 노인의 발등을 밟고 꾸지람 듣는 양羊의 무리. 러시아의 이른 가을, 황혼의 주막거리를 상상하여다오.

동으로 멀리 가톨릭 성당의 도토리 지붕이 석양에 비추어 번쩍거리는 그 편에서 백군白軍이 걸어온다. 군복만 로스케요, 얼굴은 황인종이니, 한 마디 건드려 보아도 좋으리라.

그러면 그들은 대답할 것이다. 나는 김金이요, 나는 이李요.

그들은 몹시 굶주린 얼굴이다. 넓은 군복도 마치 그들이 뜯어 먹고 남은 나머지라야 좋을 만치 흰 누더기다. 그 중에도 앞에 선 선마둥이 군인은 이제 겨우 열일곱 아니면 열여덟으로 보이는 홍안의 소년이다.

그 소년은 동리 처녀에게 나 보란 듯 독일 보병을 흉내 내는 발걸음이다. 중간에 선 청년이 별안간 픽 웃었다.

"운규는 걸음을 안 걷고 활갯짓만 하는구나."

"이건 왜 이래, 여기는 남의 나라야. 기운 있게 걸어!"

이 대답의 주인은 나였다.

무엇 하러 러시아에 갔느냐고? 무엇 '하러'가 아니라, 매 맞을 짓을 하고 매가 무서워서 살그머니 튀었던 것이다. 그러나 그 후 기어이 잡혀서, 매 맞고, 꾸중 듣고, 철창에 매달린 적이 있으니, 이제는 마음 놓고 이야기하자.

그래서 조선에 올려야 올 수도 없고, 할 수 없이, 까닭 없이, 시베리아 일대를 곡마단의 곰 모양으로 헤매고 있다가, 어찌나 밥이 그립고 따스한 방이 그립던지, 러시아 백군에 입영하였다. 그래야 밤낮 시킨다는 일이 양마적洋馬賊 토벌의 앞잡이 노릇이라서, 꼴 같지 않아서 탈영을 하였다.

그것이 바로 엊저녁의 일. 우리 세 사람은 목숨을 걸어 놓고 영지를 튀었다. 물론 들키면 큰일.

우리가 지금 가는 곳은 혼춘을 거쳐 북간도인데, 앞길은 수백 리요, 수중에는 한 푼이 없다. 오늘 아침밥은 비교적 천천히 길을 대어주는 텁석부리 수염 농군을 향하여 감사하는 것으로 떼었다. 말하자면 지금까지 하루 반을 굶주린 우리들이다.

이 주막거리에서 우리에게 거적을 빌려주는 자가 없다 하면, 우리는 유언을 써놓아야 할 시각에 서 있다. 수확기를 맞이하려는 북국北國은 북국이므로 더 한층 낙樂 있게 보인다. 밤을 맞이하는 북국의 주막거리는 또한 북국이므로 낙이 있어 보인다. 모든 동물은 방안에 기어드는데, 우리 세 사람은 죽음과 함께 경주하여 오는 어둠 안에 우두커니 서 있다.

독자 중에는 어이하여 구걸을 못하느냐고 묻는 분이 있을 것이다. 그러나 백인의 모욕으로만 살아온 우리이다. 이 중에 어느 누가 황인종도 사람으로 여겨주는 집을 찾으랴. 걸인 행세로 가가호호를 돌아볼 사람이 누구냐. 여기서 30리만 더 가면 조선인 부락이 있다 하니, 그 부락에 가기까지는 굶어도 좋다는 것이 우리의 결의였던 것이다.

그러나 K라는 동무는 도저히 참아볼 수가 없는 모양이다.

"물이라도 한 그릇 얻어 먹세."

"그냥 가-"

나는 가자 하였다.

"물 달라는 것도 걸인인가? 한 그릇 하세."

B라는 동무 역시 못 견디겠던 모양이다. 이왕이면 한 그릇 단단히 넣어서 자기에게도 얼마쯤 생명수를 남겨 달라 한다.

어디를 가든지 나이 적은 탓이라, 교섭의 심부름은 내게로 돌아왔다. 옆에 보이는 여염집을 향하여 나는 걸어간다. 두 동무는 내 뒤를 따랐다. 세 명의 장발장은 문 앞에 당도하여 약속대로 노크는 내가 하였다. 문이 열리며 이 집 주부가 행주치마에 손을 씻으며 나온다. 몹시 매정한 얼굴.

"흥, 잘못 걸렸구나."

우스운 소리 잘하는 B의 탄식이다. 나는 행인인데, 목이 마르니 물 한 그릇 청하노라 하였다. 아니나 다르랴. 그는 아무 대답 없이 우리 세 사람을 아래위로 훑어본다. 그리고 역시 아무 말 없이 돌아서 들어간다. 주기는 줄 모양인데, 대체 무슨 놈의 모욕이 이다지도 심하냐. 발길로 문짝을 차버리고 싶은 판에 물그릇이 우리 앞에 나타났다. 나는 그것을 받아서 K에게 주었다. K는 얼마를 남기더니 B에게 전하는 모양이다. 그야

말로 생명수들이다. 그동안 나는 나의 굶주린 얼굴을 속이기 위하여 지는 해를 바라보며 휘파람을 불었다.

물그릇(컵)이 나기에 나는 주부에게 바치며 고맙다고 하였다. 그러나 주부는 조금도 그 매정한 얼굴을 풀지 못하며, 그 그릇을 받아 든다.

'네 멋대로 살아라.'

우리는 돌아섰다. 바로 그 순간이다. 무엇인지 쨍그렁하고 유리 깨지는 소리가 나니, 우리들은 돌아다볼 수밖에 없다. 깨진 것은 바로 그 컵이다. 깨어진 유리조각들이 주부의 발밑에 있는 게 아니라, 저편 짝 쓰레기통 안에 쌓여 있으니 어찌된 셈이냐. 그러자 주부는 '덜컥!' 문을 닫고 안으로 들어가 버린다.

독자여, 개 먹던 그릇을 상 위에 다시 놓을 수는 없다는 말이다. 황인종이 먹던 그릇에다가 사람의 음식을 담을 수 없다는 말이다. 한 개의 촌부를 때려 엎는 것이 남아의 일생이었더냐. 우리는 아무 말 없이 돌아서서 이 유황불을 퍼부어야 알맞은 저자를 벗어났다.

들개 한 마리 볼 수 없는 끝없는 벌판에 어둠이 깔린다. 이 슬픔을 무엇에 비하랴. 그러나 30리만 더 가면 우리를 부둥켜안아 줄 동포가 있다는 믿음이 우리로 하여금 노래를 부르게 한다.

"내 고향을 이별한 후 타향에 와서 쓸쓸한 밤…"

심야深夜는 남아의 통곡장이다. 그러나 '우는 얼굴을 남에게 들키면 남아가 못된다'는 격언과 같이 슬그머니 눈물을 씻은 친구가 있었는지도 알 수 없는 일이다. 아무튼 생활의 실감이 그 세속적인 곡을 걸작으로 여기게 하였다.

한 걸음 더 갈수록 다리는 더 한층 질질 끌리었다. 그러나 한 걸음이 더 줄어들수록 우리에게는 오래간만에 동포를 만난다는 기쁨이 있다. 뜨뜻한 밥그릇이 눈앞에 떠돈다. 30리가 10리로 줄어들고, 남았던 10리가 몇 마장으로 여겨질 때, 우리에게는 어느 편쯤이 우리를 재워줄 부락인지 방향이 근심되었다. 물어 보려야 물을 사람은 없고, 하늘에는 반달조차 구름 안에 기어든다.

"어느 편쯤일까?"

"글쎄."

세 사람은 걸음을 멈추었다.

"어느 편쯤이야?"

"글쎄."

바로 이 때이다. 어디서인지 '쾡!' 하는 한 방의 총소리와 함께 탄환은 벌써 나의 귓전을 스치며 '앵' 하고 날아간다.

'뒤를 따른 군인들이다-' 우리는 그러한 절규조차 못하며,

긴장되어 있다. 혹시나 마적이었으면 하고 총소리 나는 편을 바라보면서도, 내 머리의 어리석음을 비웃었다. 마적이 첫 대로 총을 놓는 법이 어디 있으며, 이 러시아에 호胡마적이 있을 리가 없다.

팽! 팽! 팽! 앵! 앵! 앵!

한두 명이 아닌 모양이다. 이 귓전에서 앵앵 대고 나는 소리는 지옥의 모기 소리로구나.

어둠을 중간에 두고 저편 쪽 오리나무 축동께서 흰 연기가 물씬거린다. 어찌하나 뛰어보자. 그러나 놈들은 말을 탔을 것이다. 달이 구름에서 빠진 모양이요, 내 두뇌는 달을 따라 올라가는 모양이다. 무엇이 무엇인지 아득할 따름이다.

❖
나운규는 3·1운동 회령 만세사건을 주동하다 피신하여 러시아와 간도를 유랑하게 된다. 이 글은 그 시절의 이야기로 《문예·영화》에 연재될 예정이었으나, 잡지가 창간호를 끝으로 출간되지 못함으로써 첫회 게재에 그치고 말았다.

故

고 나운규 씨를 조함

弔

《매일신보》 1927.10.23

고故 나운규 씨는 우리 조선 영화계에 제일인자로서 활약하였던 만큼, 명성明星같이 빛나는 존재였다. 씨는 가슴에 뛰는 피를 우리에게 보였고, 넣어주려 애썼다. 그리하여 우리들의 열정을 끓게 하였고, 주먹을 부르르 떨게 하였다.

그러나 모든 것에 제한을 당하고 있는 우리들이라, 만족할 만한 것을 내놓지 못하는 씨의 가슴은 쓰리고 아팠다. 불만이 거듭할 때 상처가 자리를 잡았고, 해가 거듭할수록 그의 상처는 커져서, 최후의 작품인 〈오몽녀〉 제작 시에는 객혈과 졸도에까지 이르렀다 하니, 이 얼마나 비장한 일이냐? 씨야말로 우리 영화계를 위하여 생명을 바쳤다 할 수 있을 것이다.

씨가 영원의 객이 됨에 이르러 우리는 다 같이 슬퍼해 마지않을 줄 안다. 우리의 소원이던 영화회사까지 속출하는 이때에, 이 같은 불상사는 우리에게 큰 손실인 동시에 여간 애석한 일이 아니다. 필자는 원하노니, 영화계 제 인사들이여!

아! 고 춘사春史의 그 끓는 듯한 정열을 곱게 받아 그의 미완성한 뜻을 이룸으로써, 그의 영혼이나마 위로하여 주소서.

❖
나운규는 1937년 8월 9일 36살의 젊은 나이에 세상을 떠났다. 수많은 영화인과 팬이 모인 가운데 8월 11일 단성사에서 영결식이 거행되었다.

※ 표지/170쪽 이미지 자료 제공처 : 한국영상자료원

1902   함경북도 회령에서 출생(1901년 출생설도 있음).

1912   회령공립보통학교 졸업.

1917   조정옥과 결혼.

1918   간도 명동중학교 입학.

1919   회령 3·1만세운동을 주도한 다음 러시아로 피신.

1920   독립군 결사대 도판부 가입. 서울 중동학교 입학.

1921   보안법 위반 혐의로 체포되어 2년형을 선고받고 청진형무소에 수감.

1923   극단 예림회 가입.

1924   부산 조선키네마주식회사 입사.

1925   〈운영전〉에서 배우로 데뷔하고 〈심청전〉의 주연을 맡음.

1926   극본, 연출, 주연을 맡은 〈아리랑〉 개봉. 〈풍운아〉 극본, 연출, 주연.

1927   〈들쥐〉〈금붕어〉 제작. 나운규프로덕션 설립. 〈잘 있거라〉 제작.

1928   〈옥녀〉〈사랑을 찾아서〉 제작

1929   〈벙어리 삼룡〉 제작. 나운규프로덕션 해체.

1930   〈아리랑 후편〉〈철인도〉 제작.
       한국 최초 토키 영화 〈말 못할 사정〉 제작(미완성).

1932   〈개화당이문〉 감독, 주연. 〈임자 없는 나룻배〉 주연.

1935   〈강 건너 마을〉 감독. 건강 악화.

1936   토키 영화 〈아리랑 3편〉과 〈오몽녀〉 제작.

1937   8월 9일 세상을 떠남. 영화인장 거행.

'일제강점기 새로읽기'를 펴내며

일제강점기는 우리 역사에서 매우 특수한 시기다.
유례를 찾기 어려운 폭압적인 식민지배는 민족의 생존 자체를
위협하였으며 그 생채기가 지금까지도 우리의 삶을 옥죄고 있다.

우리 민족의 항전은 주권 회복 투쟁만이 아니라 민족의
얼을 지키고 민족문화를 배양하는 다층적인 것이어야 했다.
한글운동, 고전 연구, 민족주의사학, 문학·문예 운동은 모두
그 같은 문제의식의 소산이었다. 많은 선각자들이 박토에
민족문화의 밭을 갈고 써를 뿌렸다.

1960, 70년대까지 적지 않은 일제강점기의 문화자산들이
책으로 출간되었다. 그 후로는 연구자들의 연구서가 이어졌다.
하지만 그것만으로 충분한 걸까. 우리는 너무 빨리 많은 것을
잊어버렸고, 젊은 세대는 그 시절에 관심조차 없다.

'일제강점기 새로읽기' 시리즈를 시작하는 이유는 그 시절에
우리 민족문화의 한 원형질이 형성되었다는 믿음 때문이다.
가급적 당시의 생생한 목소리를 담으려 한다. 이 시리즈를 통해
지금 우리의 '선 자리'에 대한 이해가 한층 깊어지기를 기대한다.

2018년 4월 가갸날